Die Zither
in der Schweiz

Lorenz Mühlemann

Die Zither
in der Schweiz

Von den Anfängen
bis zur Gegenwart

Zytglogge

Autor und Verlag bedanken sich bei allen, die in irgendeiner Form am Gedeihen des vorliegenden Buches mithalfen und teilnahmen, sowie bei den Institutionen, welche mit ihrer finanziellen Unterstützung die Drucklegung ermöglicht haben.

Burgergemeinde Bern
Dr. Josef Schmid Stiftung, Luzern
Ernst Göhner Stiftung, Zug
Erziehungsdepartement des Kantons Luzern
Historisches Museum Luzern
Kulturamt der Stadt Bern
Kulturfonds der Ersparniskasse von Konolfingen
MIGROS Kulturprozent
Musikinstrumentensammlung Divertimento, Rüschlikon
PRO HELVETIA – Schweizer Kulturstiftung
SEVA – Lotteriefonds des Kantons Bern
Stiftung für Volkskundeforschung in der Schweiz
SUISA – Stiftung für Musik
Verein Freunde des Kornhauses Burgdorf

Alle Rechte vorbehalten
Copyright by Lorenz Mühlemann und Zytglogge Verlag Bern, 1999

Lektorat, Satz und Gestaltung	Zytglogge Verlag Bern
Druck	AZ Druck und Datentechnik GmbH, Kempten
Lithos	Genossenschaft Grafix, Bern

ISBN 3-7296-0584-4

Zytglogge Verlag Bern, Eigerweg 16, CH-3073 Gümligen

Zum Geleit	
Vorwort	
Scheitholt und Häxeschit	11
Kratzzither und Schwyzer Zither	**14**
Die Kratzzither	14
Die Schwyzer Zither	16
Schlagzither und Glarner Zither	**20**
Die Schlagzither	20
Die Glarner Zither	21
Die Halszither in der Schweiz	**29**
Konzertzither und Streichzither	**30**
Von der Schlagzither zur Konzertzither	30
Die Streichzither	41
Die Konzertzither in der Schweiz	45
Frühzeit 1850–1900	45
Blütezeit 1900–1960	50
Neuere Zeit – ab 1960	65
Die griffbrettlosen Zithern	**69**
Forschungsstand	70
Die Entwicklung in Deutschland und in den USA	75
Systematik	78
Das Spielen der Akkordzither	89
Die griffbrettlosen Zithern in der Schweiz	92
Blütezeit 1880–1940	92
Autoharp	93
Akkordzither	97
Violinzither	114
Aus eidgenössischen Patentschriften	119
Neuere Zeit – ab 1940	125
Gegenwart und Ausblick	**128**
Moderner Zitherbau	131
Das Schweizer Zither-Kultur-Zentrum in Konolfingen	137
Eine kleine Notensammlung	**140**

Nachwort	**155**
Anhang	**156**
Empfehlenswerte Tonträger	156
Quellenangabe	156
Bildnachweis	157
Personen- und Sachregister	158

Zum Geleit

Wird die Zither in unserer Gesellschaft nicht immer noch und oft mit längst Vergangenem, aus der Mode Geratenem und etwas Verstaubtem assoziiert? Zu Unrecht, meinen wir, denn Lorenz Mühlemann legt mit seinem Buch über die Zither in der Schweiz nun ein Werk vor, welches dazu angetan ist, mit den Vorurteilen aufzuräumen und diesem Instrument mit seiner vielfältigen Entwicklungsgeschichte und der von ihm geprägten Musikkultur die Anerkennung zu verschaffen, die ihm zukommt.

Seit Jahren befasst sich der Autor und ausgewiesene Zitherfachmann mit dem Spiel, dem Bau, der Restauration, der Erforschung und Dokumentation dieses in unterschiedlichsten Arten existierenden Instrumentes. Mit Tonträgern, Radiosendungen, Konzerten sowie mit kombinierten Projekten – Ausstellungen mit musikalischem Rahmenprogramm – wie beispielsweise jenem von 1994 im Schweizerischen Freilichtmuseum Ballenberg, ist es Lorenz Mühlemann gelungen, die Zitherkultur neu zu beleben und ein neues Publikum für das Instrument zu gewinnen.

Dass sich die Zither auch in anderen Ländern einer zunehmenden Beliebtheit erfreut, ist ein Anzeichen dafür, dass dieses Musikinstrument in unserer lauten Zeit einem Bedürfnis nach leiseren und feineren Tönen entgegenkommt.

Bekanntlich wird das Spielen der verschiedenen Zithern an den schweizerischen Musikschulen nur vereinzelt (an den Konservatorien überhaupt nicht) unterrichtet. Um die Pflege, den Fortbestand und die Weiterentwicklung von Musikgut und -instrumenten namentlich im Bereich der traditionellen Musik zu gewährleisten, ist eine «Verschulung» der Ausbildung unumgänglich geworden, denn die gesellschaftlichen Strukturen haben sich grundlegend verändert. Deshalb hat sich die Gesellschaft für die Volksmusik in der Schweiz (GVS) 1997 in einem internationalen Seminar am Kornhaus Burgdorf, dem Schweizerischen Zentrum für Volkskultur, für den Einbezug der Volksmusik an den künftigen Musikhochschulen eingesetzt. Gerade für die musikalische Früherziehung wird in unserem Land die Bedeutung der Volksmusik immer noch unterschätzt oder gar verkannt.

Die vorliegende Dokumentation ist deshalb für all jene, die sich in irgendeiner Form mit der Zither beschäftigen, eine unschätzbare Informationsquelle und eine reiche Fundgrube. Wir wünschen uns, dass dieses schön illustrierte und sorgfältig recherchierte Buch, welches die Entwicklung dieses Instrumentes sowohl in der Volks- und Hausmusik als auch in der Kunstmusik aufzeigt und für die Erforschung der Zither im europäischen Raum bedeutsam ist, viele Leser und Leserinnen anregt und ermutigt, an einer Musikkultur teilzunehmen und mitzuwirken, welche diesen Namen auch verdient.

Mario Müller
Präsident der Gesellschaft für die Volksmusik in der Schweiz

Vorwort

Zithermusik und -kultur haben in der Schweiz eine reichhaltige Geschichte und sehr lebendige Gegenwart, Grund genug für eine entsprechende Dokumentation, umso mehr, als die Zither in der breiten Öffentlichkeit immer noch wenig bekannt ist.

Aus heutiger Sicht gliedert sich die grosse Familie der Zithern ihrerseits wiederum in drei Hauptbereiche:
1 Volksinstrumente (Scheitholt, Kratzzither, Schlagzither – die schweizerischen Entsprechungen sind das Häxeschit, die Schwyzer Zither und die Glarner Zither)
2 Konzertzither und Streichzither
3 Griffbrettlose Zithern (Akkordzither, Violinzither, Mandolinettezither etc.)

Diese Einteilung entspricht auch ihrer chronologischen Entwicklung, welche einen mehrhundertjährigen Zeitraum vom Mittelalter bis in unsere Tage umfasst und ein Phänomen des Alpenraumes ist.

Die wichtigsten Entwicklungsimpulse kamen bis in die zweite Hälfte des 19. Jahrhunderts nicht etwa aus der Schweiz, sondern aus Deutschland und Österreich. Mit dem Aufkommen der griffbrettlosen Zithern, ab 1880, treten auch die USA ins Rampenlicht. Daher erscheint zu jedem grösseren Kapitel eine allgemeine Einführung; anschliessend werden die Verhältnisse in der Schweiz abgehandelt. Tendenziell wurden viele Neuerungen in der Schweiz aufgegriffen, abgeändert, den hiesigen Bedürfnissen angepasst, haben sich erhalten und eine sehr vielfältige Kultur geschaffen, die heute im Alpenraum einzig dasteht: Während in Deutschland und Österreich praktisch ausschliesslich die Konzertzither gepflegt wird, präsentiert sich die Zitherlandschaft Schweiz als offenes Bilderbuch der gesamten Entwicklungsgeschichte aller Bereiche.

Im Zuge der Folkmusic-Bewegung hat das Häxeschit ein glänzendes Revival erlebt und ist heute wieder in verschiedenen Volksmusikformationen zu hören. Die ursprüngliche Tradition blieb in abgelegenen Alpentälern übrigens bis in die 1920er Jahre erhalten. Die Schwyzer Zither entspricht in Bau, Besaitung und Spielmöglichkeiten im Wesentlichen dem Kratzzithertypus (Tiroler Zwillingszither) des ausgehenden 18. Jahrhunderts, die Glarner Zither einer Schlagzither um 1820. Beide sind in der Innerschweiz in ungebrochener Tradition erhalten geblieben. Die Konzertzither wird in den Zithervereinen Luzern und Zürich gespielt, sie bewährt sich als Kunst-, Volks- und Hausmusikinstrument. Die Akkordzither, zweifellos wichtigster Exponent der griffbrettlosen Zithern schliesslich, verzeichnet landesweit am meisten SpielerInnen und wird in der deutschsprachigen Schweiz in zahllosen Vereinen, Gruppen und Hausmusikensembles gepflegt, während die französischsprachige Schweiz das Psaltérion bevorzugt, eine zwölfakkordige Akkordzither, deren Entwicklung in die vergangenen 30 Jahre fällt.

Auch der Halszither habe ich ein kleines Kapitel gewidmet, dies hauptsächlich, um die Unterschiede zu den Brettzithern, dem eigentlichen Gegenstand des vorliegenden Buches, klarzustellen.

Das Thema «Die Zither in der Schweiz» wird hier erstmals gesamthaft vorgestellt. Bezüglich der Volksinstrumente konnte auf die fundierten Publikationen von Frau Dr. Brigitte Bachmann-Geiser zurückgegriffen werden, die ich mit meinen Beobachtungen ergänzt und so auf den neuesten Stand gebracht habe. Bei der Konzertzither wurde es schon etwas steiniger, da die spärlichen Quellen oft ungenau oder sogar widersprüchlich sind und präzise Daten weitgehend fehlten (gründlich dokumentiert hingegen ist die Konzertzither in Deutschland und Österreich). Gute Dienste leistete das bislang nicht ausgewertete, vorbildlich geführte Archiv des Zithervereins Luzern. Geradezu archäologisch wird es bei den griffbrettlosen Zithern. Dieses weite Feld ist auch ausserhalb der Schweiz in der Musikwissenschaft noch kaum beackert worden, obwohl gerade diese Gattung mit ihrer unendlichen Typenvielfalt besonders reizvoll ist. Hier stütze ich mich auf meine nunmehr 20-jährige Auseinandersetzung mit diesen Instrumenten. Aus Platzgründen und wegen der Verhältnismässigkeit gegenüber den andern Hauptkapiteln musste eine repräsentative Auswahl getroffen werden. In Anbetracht der Materialfülle allein in meinem Archiv und des erwähnten Standes in der Musikwissenschaft keine leichte Aufgabe, weshalb ich den Bereich der griffbrettlosen Zithern später in einer separaten Publikation zu vertiefen gedenke.

Möge dieses Buch sowohl den Laien wie den Fachmann überraschen und Anregung für weitere Forschungen und Dokumentationen bieten.

Konolfingen, im März 1999
Lorenz Mühlemann

Scheitholt und Häxeschit

Das Scheitholt ist ein einfaches Volksinstrument des Mittelalters und der Renaissance und hat im ganzen Alpenraum Verbreitung gefunden. In der Schweiz trägt es den Namen Häxeschit, in französischsprachigen Gebieten wird es Epinette genannt. Scheitholtartige Instrumente sind auch in andern Teilen Europas bekannt und haben ihrerseits eine spezifische Entwicklungsgeschichte (u. a. Skandinavien, Balkan).

In die Musikgeschichte eingegangen ist die Beschreibung von Michael Praetorius (1571–1621), dessen 1619 in Wolfenbüttel (Deutschland) erschienenes Werk «De Organographia» das Scheitholt als «Lumpen Instrumenta» der unteren Volksschichten klassiert:

«... Und ist eim Scheit/oder Stückeholz nicht so gar sehr ungleich/denn es fast wie ein klein Monochordum von drey oder vier dünnen Bretterlein gar schlecht zusammen gefügt/ oben mit eim kleinen Kragen/dorinnen drey oder vier Wirbel stecken/mit 3 oder 4 Messingsaitten bezogen; Darunter drey in Unisono uffgezogen ... Es wird aber uber alle diese Saitten unten am Staige mit dem rechten Daumen allezeit uberher geschrumpet: und mit eim kleinen Stöcklin in der lincken Hand uf der foerdersten Saitten hin und her gezogen/dadurch die Melodey des Gesanges uber die Bünde/so von Messingenen Droht eingeschlagen sind/ zuwege gebracht wird».

Charakteristische Merkmale sind die lange, schmucklose Kastenform, gefügt aus groben Brettchen – oder, noch derber, ein von unten ausgehöhltes Scheit, mit aufgenageltem Boden, manchmal auch ohne solchen, also unten offen –, die diatonisch angeordneten Bünde sind direkt in der Decke eingelassen, worüber die Melodiesaite mehrchörig aufgezogen ist. Auf der rechten Seite verlaufen ein paar Bordunsaiten, was das Spielen in einer Tonart ermöglicht.

Ein besonders schönes Häxeschit (Bild 1) stammt aus dem Simmental, Kanton Bern, und wird im Historischen Museum Bern aufbewahrt. Hier handelt es sich um den Typus des von unten ausgehöhlten Scheites ohne Boden, ein Bergfichtenstück, 788 mm lang, oben 75 mm und unten 90 mm breit, 80 mm tief, besaitet mit 5 Melodie- und 6 Freisaiten aus Stahldraht. Der Wirbelkasten beansprucht etwa ein Drittel der gesamten Länge. Die zehn diatonisch angeordneten Bünde sind direkt in der Decke eingelassen. Die Verzierung der Decke besteht aus zwei schwarz-rot-braun aufgemalten Rosetten, einer zweiteiligen, in Metall geprägten Schallocheinfassung, deren Schrägbalken einen Bären zeigt, das bernische Wappentier, sowie Flachschnitzereien. Die beiden Längsseiten sind bemalt und tragen links Inschriften «1798 J. Schläppi, Mühle» und rechts «Kriegsbedienter, Spanien gewesen 11 Jahr».

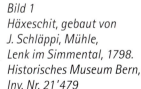

Bild 1
Häxeschit, gebaut von J. Schläppi, Mühle, Lenk im Simmental, 1798. Historisches Museum Bern, Inv. Nr. 21'479

*Bild 2
Häxeschit, anonym,
um 1880, Freimettigen,
Kanton Bern.*

Im Emmental sind mehrere Instrumente bekannt, die ein Knecht um 1880 in Freimettigen angefertigt hat. Eines dieser Exemplare wird hier erstmals vorgestellt (Bild 2). Es ist 510 mm lang, 114 mm breit und 42 mm tief. Der Korpus besteht aus Fichtenbrettchen, die mit Leim und Nägeln zusammengefügt sind. Auffallend ist die rechtsbündige Prospektverzierung; sie täuscht eine erweiterte Decke vor und ist an der gerade begrenzten Zarge mit zwei Schrauben befestigt. Zwei Blumenmotive schmücken die Schalldecke. Wirbelstock, Griffbrett, Sattel, Schalllochreif und Steg sind einheitlich geschwärzt, im Schallloch hat es eine Rosette. Das aufgeleimte Griffbrett, ein Merkmal der Kratzzithern, ist mit dreizehn diatonisch angeordneten Bünden versehen, worüber zwei doppelchörige Melodiesaiten verlaufen. Daneben hat es vier doppelchörige Bordunsaiten und eine einchörige Bordunsaite. Zarge und Boden sind rot lasiert.

Das Spielen des Häxeschites hat sich in abgelegenen Gebirgstälern der Schweiz bis in die ersten Dezenien des 20. Jahrhunderts erhalten[1], wo das archaische Instrument Gelegenheit gehabt hätte, mit scheitholtartigen Erzeugnissen der Musikinstrumentenindustrie zusammenzutreffen, welche die fälschlicherweise totgeglaubte Scheitholttradition wiederbeleben sollten. Diese «entartete Schreibmaschine» (Bild 3) ist längst wieder von der Bildfläche verschwunden, als verstaubter Zeuge einer phantasieberstend-zitherentwicklungsgeschichtlichen Turbulenz bestenfalls auf einem Trödlermarkt zu finden, während das Häxeschit mit der Folkmusic-Bewegung der 1970er und 80er Jahre ein Comeback feierte und in der Volksmusik erneut Anwendung findet.

Bild 3
Scheitholtzither, weltweit vertriebenes Produkt der Musikinstrumentenindustrie, um 1930.

---

[1] B. Bachmann-Geiser, Die Volksinstrumente der Schweiz, S. 49.

Kratzzither und Schwyzer Zither

*Bild 6 (rechte Seite)
Schwyzer Zither,
anonym, um 1870.*

*Bild 4
Kratzzither, anonym,
2. Hälfte 18. Jahrhundert,
Historisches Museum Basel,
Inv. Nr. 1887.130.*

*Bild 5 (rechts)
Schwyzer Zither,
anonym, um 1840.*

Die Kratzzither

Aus den scheitholtartigen Instrumenten des Alpenraumes entwickelte sich im Laufe des 17. Jahrhunderts die Kratzzither (Bild 4).

Scheitholt und Kratzzither sind in Bezug auf die Spielweise identisch. Mit einem Greifstäbchen in der linken Hand oder den Fingern werden die Melodiesaiten gegen die Bünde gedrückt und mit einem Plektrum in der rechten Hand durch Hin- und Herkratzen zum Klingen gebracht, früher genügte ein Federkiel. Dieser Spielweise verdankt die Kratzzither ihren Namen.

Charakteristische Merkmale:
- Allmähliche Vermehrung der Bordunsaiten, zur Verstärkung des Klanges gelegentlich doppelchörig aufgezogen.
- Vergrösserung des Korpus mittels einseitiger Ausbuchtung. Diese Form (Bild 4) wird Salzburger Form genannt und diente der späteren Konzertzither als Vorbild.
- Die Bünde befinden sich in einem aufgeleimten Griffbrett.

Um der Beschränkung des Spielens in nur einer Tonart abzuhelfen, wurden im ausgehenden 18. und anfangs

Die Schwyzer Zither

Organologisch ist die Schwyzer Zither den Kratzzithern zuzuordnen, es ist eine Doppelzither, die baulich der Salzburger Form nahesteht. Sie hat zwei Besaitungssysteme, in B- und Es-Dur gestimmt, was sich vorzüglich zum Zusammenspiel mit dem Schwyzer Örgeli eignet, wie es heute gerne gemacht wird, mit Gitarre oder Kontrabass ergänzt.

Als älteste Schwyzer Zither (Bild 5) gilt ein Instrument, das, nach der Bauart zu schliessen und in Übereinkunft mit der Familiengeschichte (es handelt sich um ein Erbstück in Privatbesitz, aus Weggis am Vierwaldstättersee), um 1840 gebaut worden ist und hier erstmals der Öffentlichkeit vorgestellt wird. Im Nachlass einer Enkelin der ersten Besitzerin dieser Zither findet sich ein Brief, worin sie sich erinnert, die Grossmutter noch in den 1880er Jahren auf eben diesem Instrument spielen gehört zu haben: «Grossmutter ist 1822 geboren und hat als junges Mädchen mit Zither spielen begonnen. Ob sie die Zither neu oder vielleicht von jemandem bekommen weiss ich nicht. Für uns Kinder war die Hauptsache, dass Grossmutter die Zither gespielt und schöne Lieder dazu gesungen hat. Sie spielte so gut, dass sie oft mit der Zither unter dem Arm eingeladen wurde, Sonntagnachmittag war sie meist nicht daheim. Meine Mutter konnte nur etwa zwei Lieder darauf spielen, aber nicht so gut. Ich weiss noch von zwei gleichen Zithern von dazumal.»

Diese um 1870 entstandene Schwyzer Zither (Bild 6) ist im Vergleich zur oben beschriebenen sorgfältiger ge-

Bild 7
Schwyzer Zither-Spieler, gezeichnet von Hans Blum, Morschach, 1898.

des 19. Jahrhunderts in Tirol auch Zwillings-, ja sogar Drillingszithern gebaut, also Kratzzithern mit zwei oder drei unterschiedlich mensurierten Besaitungssystemen.

In der Schweiz weisen die ältesten Belege der Kratzzither ins Bündnerland. Im Schanfigger Heimatmuseum in Arosa ist ein Instrument ausgestellt, das die Jahrzahl 1663 trägt[2].

---

[2] B. Bachmann-Geiser, Die Zithern der Schweiz, S. 48.

Die Schwyzer Zither

Bild 8 (links)
Schwyzer Zither,
Thomas Aschwanden,
Sisikon, 1924.

Bild 9
Schwyzer Zither,
Anton Betschart,
Hürithal-Muotathal,
1923.

baut und besser proportioniert; die Zarge misst hier nur 35 mm. Eine Zeichnung von Hans Blum, 1898 in Morschach angefertigt (Bild 7), zeigt eine auffällig ähnliche Zither, was vermuten lässt, dass dieser Typ in der zweiten Hälfte des 19. Jahrhunderts in der Innerschweiz durchaus verbreitet war. Insbesondere die Gestaltung der Wirbelstöcke unterscheidet sich stark von allen späteren Instrumenten. Nach mündlichen Berichten soll ein Instrumentenbauer namens Reichmuth vor 1900 in Kaltbach bei Schwyz derartige Zithern hergestellt haben.

Schwyzer Zithern gebaut haben:
- Josef Leonhard Betschart aus dem Muotathal (1845-1920).
- Thomas Aschwanden in Sisikon (1873-1947); von ihm sind eine ganze Anzahl guter Instrumente erhalten, die noch heute gerne gespielt werden (Bild 8).
- Gleichzeitig wirkte Xaver Schuler in Ibach
- sowie der bis anhin in der Fachliteratur nicht genannte Anton Betschart in Hürithal. Der Zettel eines seiner Instrumente lautet: «No 76, Anton Betschart, Musiker, Hürithal-Muotathal, 20. Januar 1923» (Bild 9), was auf eine umfangreiche Produktion schliessen lässt.
- Im Zeitraum 1946–59 Franz Mettler, der allerdings mit dem Spielen nicht vertraut gewesen zu sein

scheint, denn die Griffbretter sind alles andere als bundrein, auch haben seine Instrumente einen mässigen Klang.
- Begehrt hingegen sind die Schwyzer Zithern von Josef Betschart-Annen von Schwyz (1909–1991)
- und die Instrumente von seinem bestqualifizierten Nachfolger, Herbert Greuter (geboren 1954), wohnhaft ebenfalls in Schwyz (Bild 10).

Die Stimmung: System 1, B-Dur, Griffbrett f', f', Bordun f', d', b, f, B / System 2, Es-Dur, Griffbrett b', b', Bordun b', g', es', b, es. Alle Saiten sind doppelchörig aufgezogen. Das Griffbrett ist bis auf den heutigen Tag bloss diatonisch eingerichtet, das erste hat 16 Bünde, das zweite deren 14.

Aus der Region Illgau nennt Luise Betschart vier Frauen, die sehr gute Spielerinnen waren und ihr Können weitergegeben haben: Marie Heinzer, Untermüllersberg (gestorben um 1935), Magdalena Heinzer-Heinzer (1887–1971), Marie Bürgler-Bürgler, Obermüllersberg (1902-1980), Luise Heinzer-Bürgler, Tauisberg (1893–1970).

Lange wurden die Stücke für die Schwyzer Zither ausschliesslich nach Gehör überliefert. In dieser Tradition musiziert die 1980 formierte «Zithergruppe Illgau», unter der Leitung von Luise Betschart, welche das Spielen bereits als Mädchen erlernt hat und nur Stücke spielt, die im Familien- und Bekanntenkreis weitergegeben worden sind. Die Illgauer spielen in der Besetzung Schwyzer Zither, Örgeli, Bass. Irene Niederöst, wohnhaft in Schwyz, hat das Spielen noch bei Josef Betschart-Annen gelernt, viele Stücke von ihm übernommen und erstmals in Noten festgehalten. Sie unterrichtet das Spielen seit 1981 und leitet das Ensemble «Schwyzerholz»; es musiziert in der Besetzung Schwyzer Zither, Örgeli, Gitarre (Bild 11). Die Gruppe mit den Zitherspielerinnen Rösli Wallimann und Ursula Röthlin tritt ebenfalls gelegentlich in der Öffentlichkeit auf. Natürlich wird die Schwyzer Zither in der Region nach wie vor als Hausmusikinstrument gepflegt.

Bild 10
Schwyzer Zither,
Herbert Greuter,
Schwyz, 1994.

Bild 11
Die Zithergruppe «Schwyzerholz», hier an der Stoos-Stubete, 1989, tritt je nach Anlass auch als Sextett auf. Von links nach rechts: Irene Niederöst, Silvia auf der Maur, Rita auf der Maur.

Bild 12
Lorenz Mühlemann, als Gast am Jahreskonzert des Zithervereins Luzern, 1997.

Schlagzither und Glarner Zither

Bild 13
Johann Petzmayer
(1803-1884).

Bild 14
Herzog Maximilian in Bayern
(1808-1888).

Die Schlagzither

Um die Wende zum 19. Jahrhundert erfolgte der allmähliche Übergang von der Kratzzither zur Schlagzither, was zugleich mit einer weiteren Vermehrung der Saiten verbunden war, zunächst zwei bis drei verschieden gestimmte Griffbrett- und sieben bis zwölf Freisaiten, deren Zahl, vor allem im letzteren Bereich, bald überschritten wurde.

Wichtigste Neuerung ist die Spieltechnik der rechten Hand, welcher diese Zithern auch ihren Namen verdanken: Der Daumen schlägt die Melodiesaiten an, während Zeig-, Mittel- und Ringfinger einzelne Freisaiten anschlagen, was nun auch Harmoniewechsel erlaubt, bei den frühen Instrumenten im Rahmen von Tonica, Dominante und Subdominante. Die Spielweise der späteren Konzertzither ist hier somit deutlich vorgezeichnet. Gebaut wurden die Instrumente in der Salzburger Form, daneben bildete sich auch die jüngere Mittenwalder Form heraus, charakteristisches Merkmal ist ihr doppelbauchig ausgebuchteter, gitarrenähnlicher Korpus, wie wir ihn von der Glarner Zither kennen (vgl. Glarner Zither, S. 22).

Um 1800 waren Brettzithern im Alpenraum beliebte Volksinstrumente und existierten in verschiedensten Gestaltungen und Stimmungen. Meistens bauten die Spieler ihre Instrumente selber, dabei wurde auf gefällige Proportionen und Zierart mehr Wert gelegt als auf akustische Eigenschaften und praktische Handhabung. Salzburger und Mittenwalder Form sind demnach nicht originale Bezeichnungen, sondern ein Ergebnis späterer Organologie, die Vielzahl unterschiedlichster Zithern nach gemeinsamen Kriterien zu ordnen. Daneben gab es auch lyra-, cister-, birnen-, zwiebel- und andersförmige Instrumente in vielen individuellen Varianten.

Der Übergang von der Kratzzither zur Schlagzither ermöglichte dem Instrument den Wechsel von der bäuerlichen Volkskultur in die bürgerliche Haus-, Salon- und Konzertmusik, welcher bereits in den 1830er Jahren durch den Wiener Zithervirtuosen Johann Petzmayer (1803-1884, Bild 13) eingeleitet und ab 1837 in der legendären Verbindung mit Herzog Maximilian in Bayern (1808-1888, Bild 14) vertieft wurde[3].

Gleichzeitig wurde der bis anhin weitgehend dilettantisch betriebene Instrumentenbau nach und nach zugunsten eines professionellen aufgegeben. In Wien sind mehrere Zithern des Instrumentenbauers Anton Rehrer aus den 1770er Jahren erhalten. Franz Kren (1780-1855) betrieb gewerblichen Zitherbau in München, seine Instrumente sind in den 1810er Jahren nachweisbar. Als weiterer Vertreter dieser frühen Periode gilt Ignaz Simon (1789-1866), der zunächst in Mittenwald als Geigenmacher und in einer Ziegelei arbeitete, 1825 nach Haidhausen bei München umzog und sich dort dem Zitherbau widmete. Die Hochburgen des fortschrittlichen Zitherbaus dieser Zeit sind zweifellos Wien und München.

Die Glarner Zither

Nach Albin Lehmann (1924-1995), dem besten Kenner der Glarner Zither, wurde die Zither im Glarnerland durch österreichische Heuknechte und Zimmerleute bekannt, die dort Arbeit suchten und von Ort zu Ort zogen. Schon um 1800 wurden in der Region Zithern hergestellt, die allerdings selten erhalten blieben. Allen eigen ist das ganz andere Aussehen (Bild 15), auch etwa Sahnentopfform genannt, und die bis zu 100 mm hohe Zarge. Manchmal hat das Schallloch einfassende, geometrische Tuschverzierungen, wie man sie von der Toggenburger Halszither kennt[4]. Eine im Kornhaus Burgdorf[5] aufbe-

Bild 15
Glarner Zither, anonym, um 1820.

[3] Herzog Maximilian entstammte der sogenannten «Birkenfeld-Linie», deren Herzöge sich «in Bayern» nannten, um den Herzögen «von Bayern», die der älteren, regierenden Linie angehörten, den Titel nicht zu schmälern.

[4] B. Bachmann-Geiser, Die Volksinstrumente der Schweiz, S. 52.

[5] Das Kornhaus in Burgdorf ist das Schweizerische Zentrum für Volkskultur und ist vor allem durch sein dortiges Museum bekannt.

Die Glarner Zither

Bild 16
Glarner Zither, anonym, um 1860, aufbewahrt im Kornhaus Burgdorf.

Bild 17 (rechts)
Glarner Zither, Salomon Trümpy, Ennenda, 1875.

wahrte Glarner Zither anonymer Herkunft (Bild 16) stellt mit ihren untypischen zwei Schalllöchern, den darum angelegten Tuschverzierungen und der auffällig hohen Zarge, sie misst 750 mm, ein Bindeglied zur nächsten Generation dar und dürfte um 1860 entstanden sein.

Die nächsten Zeugnisse der Glarner Zither tauchen im letzten Drittel des 19. Jahrhunderts auf und präsentieren recht einheitliche Instrumente von verschiedenen Erbauern. Sie haben eine perfekte Mittenwalder Form und veränderten sich seither nur geringfügig. Als ältestes datiertes und signiertes Instrument erwähnt Brigitte Bachmann-Geiser eine in der Sammlung des Historischen Museums Basel aufbewahrte Glarner Zither von Alois Suter, aus dem Jahre 1876 [6]. In Privatbesitz befindet sich ein Exemplar von Salomon Trümpy (1819–1894), das sogar noch etwas älter ist (Bild 17). Die Fichtendecke ist hier besonders schön gestaltet, mit einem in der Mitte spiegelbildlich zusammengesetzten, blasigen Ulmenknollenmaserfournier, was dem Instrument eine

[6] DU – die Zeitschrift der Kultur, Heft 7/1993, Seite 51.

edle Note verleiht. «Sal. Trümpy, Zitherfabrikant, Ennenda-Glarus, 1875», so lautet der Zettel im Schalllochinnern. Das Griffbrett ist mit 18 regulären Bünden versehen, zum Stimmen dienen Zitherstifte, welche in den delphinförmigen Wirbelstock eingelassen sind, dessen Schwanz sich zu einem Aufhängering für das Instrument schliesst. Hingewiesen sei auf den geschwungenen, einteiligen Saitenhalter auf der Decke, der das Problem der unterschiedlichen Mensuren von Griffbrett- und Freisaiten elegant löst; dieser ist aber nicht original. Sorgfältig versteckte Bohrlöcher, ehemalige Halterung der Knochenstifte für die Freisaiten, zeigen, dass der Steg ursprünglich rund 40 mm weiter oben lag, mit den Griffbrettsaiten auf derselben Achse. Auch bei der Mensur der Griffbrettsaiten wurde nachträglich etwas verändert, der Sattel liegt jetzt 10 mm weiter unten.

Gleichzeitig wirkte Alois Suter (1809–1892) in Näfels. Er ist als Instrumentenbauer von Geigen, Kontrabässen und Gitarren bekannt und hat auch Glarner Zithern hergestellt, welche damals begehrte Hausmusikinstrumente waren. Seine Zithern zeigen unübersehbare Gitarrenbaumerkmale, die Fichtendecke ist jeweils entlang des Zarge und rund um das Schallloch mit einem fein gearbeiteten Filet verziert, bestehend aus schmalen, hellen und dunkeln aneinandergereihten Streifen (bei der Zarge 4 mm breit, 4 dunkle und drei helle Streifen / beim Schallloch 10 mm breit, 8 dunkle und 7 helle Streifen). Typisch ist weiter der zweiteilige Saitenhalter auf der Decke, Griffbrett- und Freisaiten sind also klar getrennt. Erstaunlicherweise, eine für Suters sonstiges Instrumentenbaukönnen eher billige Lösung, laufen die Freisaiten oben über einen einfachen, hartholzernen Sattel ohne Knochen- oder Metalleinlage. Bei diesem von ihm gebauten, signierten und datierten Instrument (Bild 18) aus dem Jahre 1876 ist die höchste Melodiesaite doppelchörig aufgezogen, was man sonst bei der Glarner Zither gar nicht antrifft. Die 18 Bünde, wovon die höchsten drei nachträglich entfernt wurden, sind hier aus Buntmetalldraht gefertigt, dessen Enden abgewinkelt und in Bohrlöcher eingeschlagen wurden, eine eher archaische Griffbrettherstellung, wie sie bei den Kratzzithern und Scheitholten

Bild 18
Glarner Zither, Alois Suter, Näfels, 1876.

24

geläufig ist, bei der Glarner Zither hingegen gar nicht, weil für das Spielen einer Schlagzither eher ungeeignet. Das Instrument war rege in Gebrauch, sein Griffbrett ist abgegriffen. Zum Stimmen sind nicht etwa Zitherstifte, sondern oben ringförmig abgeschlossene und unten gewindlose Metallstifte in den Wirbelstock eingelassen. Auch das ist eine Anlehnung an ältere Volksinstrumente, vom zeitgenössischen Zitherbau längst überholt und von den praktischen und stimmsicheren Zitherstiften mit Gewind abgelöst. Warum gerade Suter, als professioneller Instrumentenbauer, seine Glarner Zithern einerseits sehr sorgfältig und formschön gebaut hat, andererseits jedoch in der Materialwahl für die Griffbrettherstellung und die Stimmmechanik ziemlich nachlässig blieb – Faktoren, die zum Spielen von entscheidender Wichtigkeit sind –, bleibt eine offene Frage.

Gemeinsame Merkmale der Instrumente von Trümpy und Suter sind die hohe Zarge, 50 mm, sowie der abgerundete, über die Zarge hinausragende Rand von Decke und Boden.

Nur wenige Jahre später wird Alois Gastel, der von etwa 1880 bis 1900 in Glarus tätig war (Bild 19), Vorreiter einer neuen Garde. Er baute in mancherlei Hinsicht anders als seine Zeitgenossen Trümpy und Suter. Kennzeichen bildet die nussbaumfournierte Decke. Diese und der Boden sind mit der ebenfalls fournierbelegten Zarge glatt verschliffen, letztere misst 30 mm. Gastels Zithern zeichnen sich durch einen hellen, kräftigen Ton und eine ausserordentlich sorgfältige Verarbeitung aus,

Bild 20
Glarner Zither in untypischer Tropfenform, Oswald Schneider, Schwanden, um 1900.

das gilt für die sichtbaren Teile so gut wie für den Innenbau.

Kaspar Dürst (1862–1943), er lebte in Ennetbühl, kopierte laut Albin Lehmann die Gastel-Zither praktisch eins zu eins. Beide, Gastel und Dürst, haben ihre Instrumente oft nicht signiert, weshalb Original und Kopie schwierig zu bestimmen sind[7]. Sie unterscheiden sich bloss in einer leicht anderen Gestaltung des Wirbelstockes. In einer reichen Schaffensperiode von etwa 1890 bis 1930 soll Dürst mehr als tausend Stück angefertigt haben, die auch durch städtische Musikhäuser vertrieben wurden[8].

Ferner haben sich ein paar Gelegenheitsarbeiten von Oswald Schneider erhalten, die um 1900 in Schwanden entstanden sind. Griffbrett- und Freisaitenhalterung hat er auf eine Linie

Bild 19 (linke Seite)
Glarner Zither, Alois Gastel, Glarus, um 1890.

---

[7] Im Gegensatz zu Gastel sind von Dürst vereinzelt signierte Instrumente bekannt.
[8] B. Bachmann-Geiser, Die Volksmusikinstrumente der Schweiz, S. 53.

Die Glarner Zither

Bild 21
Albin Lehmann, Virtuose und Förderer der Glarner Zither, beim Unterricht in Niederurnen, 1976.

Bild 22
Glarner Zither, Herbert Greuter, Schwyz, 1997.

gelegt und mit drei Schrauben auf der Decke befestigt, welche in der Art billiger Möbel mit einer dunklen Edelholzimitation übermalt ist. Er hat als Einziger mit einem tropfenförmigen Korpus experimentiert, was eine harmonisch gelungene Linienführung ergibt (Bild 20).

Nach 1940 kam das Spielen der Glarner Zither mehr und mehr aus der Mode, nach Kaspar Dürst hat jahrzehntelang auch niemand mehr welche gebaut. Albin Lehmann (1924–1995) in Mollis, von Beruf Maurerpolier, Virtuose auf der Glarner Zither, Sammler und passionierter Erforscher ihrer Geschichte, gebührt das Verdienst, das Instrument in zäher Arbeit wieder zu einem allseits geschätzten Volksinstrument gemacht zu haben (Bild 21). Im Instrumentenbauer Charlie Hofmann (1937–1993) fand er einen idealen Partner, der ab 1975 etwa 25 neue Instrumente nach seinen Angaben gemacht hat. Diese Instrumente sind mit 4 Griffbrett-, 11 Freisaiten und chromatischem Griffbrett ausgestattet.

Bild 23
Schule für die Glarner Zither, herausgegeben vom Musik-Verlag Zweifel-Weber, St. Gallen, 1905.
Ansonsten werden die traditionellen Stücke für die Glarner Zither bis heute nach Gehör überliefert.

Herbert Greuter, der sich mit dem Bau von Schwyzer Örgeli, Schwyzer Zither und Akkordzither in den letzten Jahren einen sehr guten Namen gemacht hat (vgl. S. 131), befasst sich zur Zeit als Einziger mit der Herstellung der Glarner Zither (Bild 22).

Die bislang einzige Schule für die Glarner Zither ist 1905 vom Musik-Verlag Zweifel-Weber in St. Gallen herausgegeben worden (Bild 23). Der 17-seitige Inhalt umfasst eine Einführung in das Wesen der Zither, eine Stimmtabelle, Anleitung zum Stimmen und Spielen, ein paar praktische Übungen sowie sieben Stücke. Ansonsten werden die traditionellen Stücke für die Glarner Zither nach wie vor nach Gehör überliefert. Die Stimmung richtet sich unverändert nach den Angaben von Kaspar Dürst: Griffbrett a', a', d, g / Bass und Begleit c', g', fis', e', h, a, g, d, c, G, F.

Unter den heute aktiven Spielerinnen stechen besonders hervor Barbara

Bild 24
Albin Lehmann und Barbara Rhyner, 1993.

Rhyner (Bild 24), nebst Erika Bäbler langjährige Musikpartnerin von Albin Lehmann, sowie die Zithergruppe Glarner Unterland, geleitet von Sabine Krieg. Im Anhang (vgl. S. 156) sind empfehlenswerte Tonträger mit originaler Glarner Zither-Musik näher beschrieben.

Bild 25
Emmentaler Halszither, Peter Zaugg, Liechtgut bei Signau, 1833, gemäss Instrumentenzettel als No. 33 bezeichnet, was auf eine systematische Bautätigkeit schliessen lässt.

Die Halszither in der Schweiz

Im übrigen Europa schon früher aus der Mode gekommen, erlebte die Halszither in der Schweiz in der ersten Hälfte des 19. Jahrhunderts eine eigentliche Blütezeit und wurde zum begehrten Hausmusikinstrument wohlhabender Bauern. Die Namen Emmentaler-, Entlebucher- und Toggenburger Halszither zeigen, dass lokale Varianten entstanden sind. Bewundernswert sind sie, die zierlichen Instrumente von Abraham Kauer aus Dürrenroth (1794–1875), Johannes Bütler aus Lauperswil (1802–1875) und anderen Zeitgenossen. Später gesellte sich noch die einer Oktavgitarre ähnliche Krienser Halszither dazu, eingeführt von Samuel Rodel aus Fahrwangen (1848–1919) und Anton Amrein aus Schwarzenberg (1870–1933). In der zweiten Hälfte des 19. Jahrhunderts wurden die Halszithern mit Ausnahme der Krienser Halszither zunehmend von den Langnauer- und Schwyzer Örgeli verdrängt.

Jahrzehntelang verschwunden, werden Halszithern heute wieder gespielt. Im Bernbiet baute Kurt Gossenreiter um 1980 eine Anzahl gediegener Emmentaler Halszithern, weiter stiess der Bau in verschiedenen Hobby-Kursen auf reges Interesse. Sepp Bürkli (geboren 1931), wohnhaft in Horw, hat sich in jüngster Zeit für die Verbreitung und Förderung der Krienser Halszither ganz besondere Verdienste erworben. Seit 1951 hat er rund 100 solche Instrumente selber gebaut (Bild 27) und sich auch als einschlägiger Komponist und Musiker bewährt.

Die Halszither ist nur dem Namen nach eine Zither. Gemäss ihrer Herkunft ist sie als Cister zu bezeichnen, eine Instrumentenfamilie aus der Renaissance, welche in Bau und Spielweise der Laute, Gitarre und Mandoline wesentlich näher steht als den Brettzithern, dem eigentlichen Gegenstand des vorliegenden Buches, weshalb sie hier nicht ausführlicher dargestellt wird.

Bild 26
Entlebucher Halszither, Rückseite, anonym, um 1850. Von den ausnahmslos mit grossem Frauenporträt und reichem Abziehbildschmuck verzierten Instrumenten wird angenommen, dass es sich um Liebes- und Brautgeschenke handelte.

Bild 27
Krienser Halszither, Sepp Bürkli, Horw, 1994.

Konzertzither und Streichzither

Von der Schlagzither zur Konzertzither

Bild 28
Die Familienbildung der Konzertzither umfasst einen Zeitraum von ca. 1850 bis 1930.

Bild 29 (ganz unten)
Das Zithertrio, die erste Besetzung mit Eignung für Werke kammermusikartigen Charakters, besteht aus zwei Diskantzithern und einer Altzither.

Die Entwicklung von der Schlagzither zur Konzertzither beansprucht den Zeitraum von etwa 1835 bis 1865 und findet vornehmlich in Deutschland und Österreich statt, mit Zentren in München und Wien. Dabei sind folgende Faktoren von ausschlaggebender Bedeutung:

Name	Synonym	Mensur	Stimmung
Quintzither	Piccolozither	380	e" e" a' d' g
Diskantzither	Primzither	430	a' a' d' g c
Altzither	Sekundzither	510/530	e' e' a d G
	Quartzither		
	Elegiezither		
Basszither		570	a a d G C

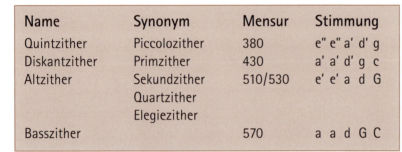

- Durch das legendäre Gespann Herzog Maximilian in Bayern und seines Kammervirtuosen Johann Petzmayer wird das vormalige Volksinstrument sozusagen salonfähig und findet in adeligen und städtisch gehobenen Kreisen begeisterte Aufnahme (vgl. S. 21).
- Das diatonische Griffbrett wird vom chromatischen abgelöst, Übergang zu fünf Griffbrettsaiten.
- Rasche Vermehrung der Freisaiten.
- Vereinheitlichung der Stimmung. Nach zahllosen, individuellen Saitenanordnungen zu Beginn des 19. Jahrhunderts setzt die 1838 in der ersten Auflage von Nicolaus Weigel (1811–1878) veröffentlichte Zitherschule Normen für die Stimmung, die mit ihren darauf basierenden Weiterentwicklungen noch heute gelten. Für das Griffbrett propagiert er die Stimmung a', a', d', g, für die Freisaiten (12 Begleitsaiten und 12 Basssaiten) eine lückenlose, in Quart-Quint-Intervallen abwechselnde Stimmung.
- Was sich bereits bei der Schlagzither angekündigt hat, die Professionalisierung des Zitherbaus, wird hier perfektioniert.
- Nebst der Volksmusik, wo sich das Instrument bewährt, entsteht eine spezifische Salon- und Konzertliteratur.
- Familienbildung, beginnend um 1851 mit der Altzither, analog zu den Streichinstrumenten (Geige, Bratsche, Violoncello, Kontrabass) Einführung von vier Baugrössen (Bild 28). Mit der Altzither entsteht auch das klassische Zithertrio, zwei Diskant- und eine Altzither, die erste Besetzung mit Eignung für Werke kammermusikartigen Charakters (Bild 29).

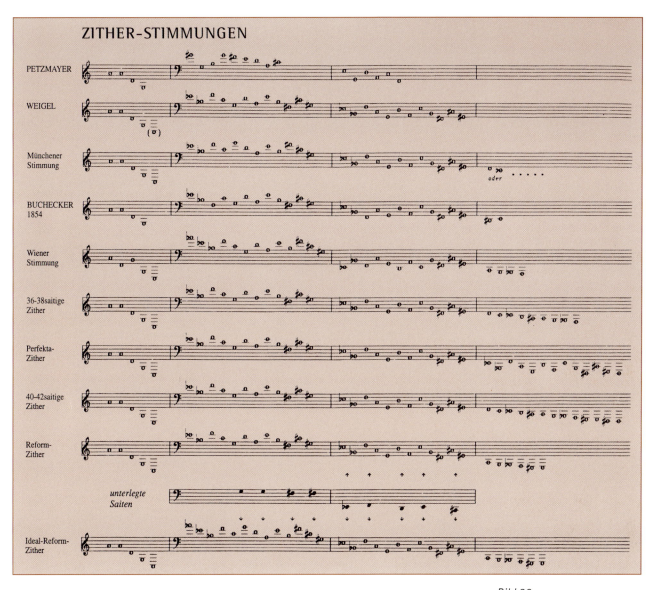

Bild 30
Die Standardbesaitung (40–42-saitige Zither) und die Wiener Stimmung sind die heute gebräuchlichsten Stimmungen.

Dieser Entwicklungsweg war natürlich etwas dornenreicher als oben dargestellt. So fand Nicolaus Weigel für seine Zitherschule – es war die erste überhaupt – zunächst gar keinen Verleger und druckte sie 1838 auf eigene Kosten. Weil die erste Auflage bald vergriffen war, konnte die zweite, überarbeitete, 1844 im Münchner Verlag «Falter & Sohn» herausgegeben werden. Weigels Neuerungen fanden erst ab etwa 1850 weiterreichende Verbreitung, worauf sich die Konzertzither-Protagonisten in jahrzehntelangen Diskussionen um die richtige Stimmung die Köpfe wund räsonierten … Heute sind zwei nur geringfügig unterschiedliche Stimmungen massgeblich etabliert: in Deutschland und weltweit (als Ergebnis der vormaligen Münchner-, bzw. Normalstimmung) die sogenannte Standardbesaitung sowie die Wiener Stimmung, die hauptsächlich im Gebiet der ehemaligen Doppelmonarchie Österreich-Ungarn verbreitet ist (Bild 30).

Heinrich Friedrich Buchecker (1829–1894), geboren in Bayreuth (Deutschland) und dort aufgewachsen, ist ebenfalls ein Zitherspieler und -förderer der

*Bild 31
Heinrich Bucheckers Zitherschule aus dem Jahre 1854 erschien in der Übergangszeit von der Schlag- zur Konzertzither.*

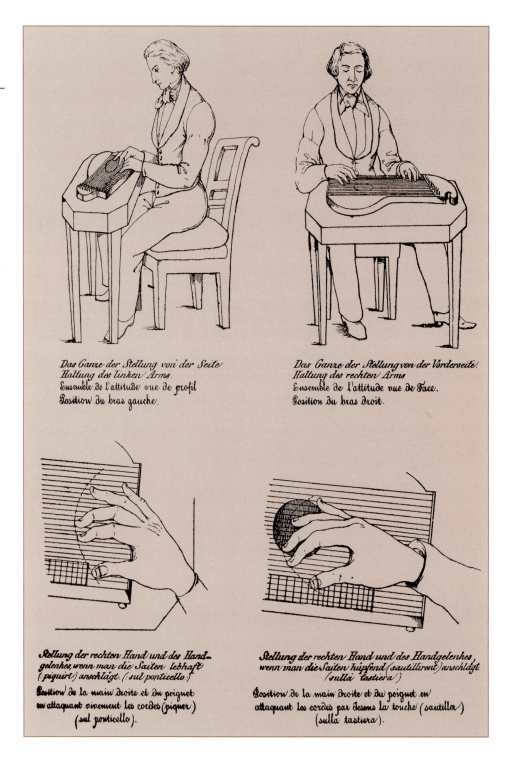

ersten Stunde. Er war Naturwissenschaftler, Fachmann der Entomologie und der Ornithologie, spielte die Geige vortrefflich und brachte es durch eigene Übung auf der Schlagzither in kurzer Zeit zu grosser Vollkommenheit. 1854 veröffentlichte er eine Schule (Bild 31) für die Schlagzither mit 4 Griffbrett- und 26 Begleitsaiten. Er war Hof-Virtuose des Königs von Dänemark und des Königs von Hannover. In seinem bewegten Leben – seine naturwissenschaftlichen Studien führten ihn weit in Europa herum – verbrachte er

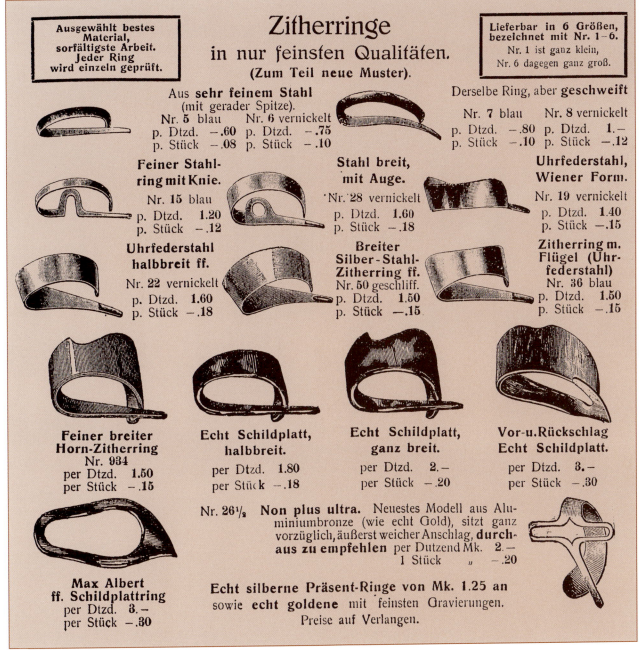

volle 16 Jahre in Zürich (1864–1880), wo ein grosser Teil seiner wichtigsten Kompositionen für die Zither entstanden ist.

Um 1845 wurde der noch heute gebräuchliche Zitherring (Bild 32) durch den Wiener Georg Meininger (1815–1905) eingeführt[9].

Bild 32
Der um 1845 eingeführte Zitherring zum Spielen der Griffbrettsaiten wurde bald in vielen Varianten angeboten. Katalogausschnitt, um 1890.

9 Kurt Hartwig, in: Zwei Jahrhunderte Zither in München, S. 6.

Bild 33
Die Konzertzitherschule von Adam Darr (1811–1866) fand zu ihrer Zeit eine sehr weite Verbreitung, erlebte mehr als dreissig Auflagen sowie französische und englische Übersetzungen.

Bald entstanden weitere Schulwerke für die Konzertzither (Bild 33), die grosse Verbreitung fanden, unter anderen die Zitherschule von Adam Darr (1811–1866, Bild 34), die wohl bekannteste Zitherschule ihrer Zeit für die Münchner-Stimmung, sie wurde bald ins Französische und Englische übersetzt, und die 1854 erschienene Zitherschule von Carl Joseph Franz Umlauf (1824–1902), dem Begründer der Wiener-Stimmung. Von ihr wurden bis 1887 rund 27 000 Stück verkauft[10].

Hand in Hand mit diesem Aufschwung ging die Herausbildung einer eigentlichen Konzertzitherliteratur, in-

---

[10] August Viktor Nikl, Die Zither, S. 85.

dem Komponisten speziell für das Instrument komponierten, die Möglichkeiten des Spielbaren ausloteten und damit hohe Anforderungen an ein neues, elitäres Virtuosentum stellten. Oft waren die Komponisten auch ausführende Künstler:

Franz Xaver Burgstaller	1814–1874
Paul Rudigier	1830–1890
Max Albert	1833–1882
Hans Thauer	1848–1924
Johannes Pugh	1851–1939
Josef Haustein	1849–1926
Ferdinand Kollmaneck	1871–1941
Lorenz Obermaier	1871–1945

und viele andere.

In der Folgezeit wurde die Konzertzither laufend verbessert. Dabei erblickten im Zeitraum 1870 bis 1910 auch verschiedenste Kuriositäten, Irrungen

Bild 34
Adam Darr (1811–1866).

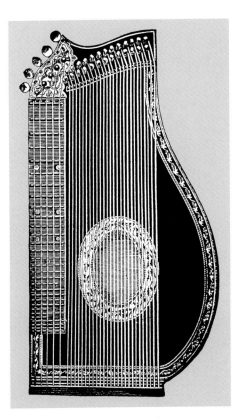

Bild 35
Konzertzither, Standardmodelle um 1890.

Bild 36
Zwischen 1870 und 1910 kamen viele und teilweise kurzlebige Patente auf den Markt – die Pubertätsphase der Konzertzither ...

und Wirrungen das Licht der Welt, die für eine gewerbliche Nutzung ungeeignet waren und manchmal nicht einen Bruchteil dessen hielten, was ihre überschwängliche Werbung ankündete (Bild 36). Auch auf dem Eidgenössischen Amt für Geistiges Eigentum in Bern sind in diesem Zeitraum eine ganze Anzahl von Patenten eingereicht worden. Hier die der Patentschrift beigelegten Zeichnungen (Bild 38) eines symmetrisch gestalteten Instrumentes. Für diese Erfindung, sie unterscheidet sich eigentlich nur durch die mit X und Y gekennzeichneten, kreuzweise im Korpus eingezogenen Resonanzsaiten sowie der effektvollen Formgebung von kulanten Modellen, wurde dem Österreicher Vincenz Eckhart (Graz) 1898 das schweizerische Patent No 17'895 zuerkannt.

Die ständige Zunahme der Anzahl der Freisaiten führte bald zu Problemen bezüglich der Spielbarkeit der tiefsten Saiten, weil diese ausserhalb der Spannweite der rechten Hand zu liegen kamen. Um 1890 wurde die formschöne Perfektazither eingeführt (Bild 39), welche lange gebaut wurde und in der Schweiz besonders beliebt war. Heute wird sie nur noch selten gespielt. Die Kontrabassreihe wird näher an das Griffbrett herangeführt, indem sie, positioniert auf einem gesonderten Steg, teilweise die Basssaiten überschneidet und in einem ca. 30°-Winkel abgespreizt über eine gedrechselte und oft geschnitzte Säule verläuft. Die Reformzither und Ideal-Reformzither, beide kurz nach 1900 eingeführt, sind weitere Versuche, die Besaitung der Konzertzither der Handspanne anzupassen. Bei der Reformzither sind die ersten fünf Kontrabasssaiten nach links versetzt, den Basssaiten unterlegt; bei der Ideal-Reformzither sind sogar alle

Bild 37
Harfenzither.

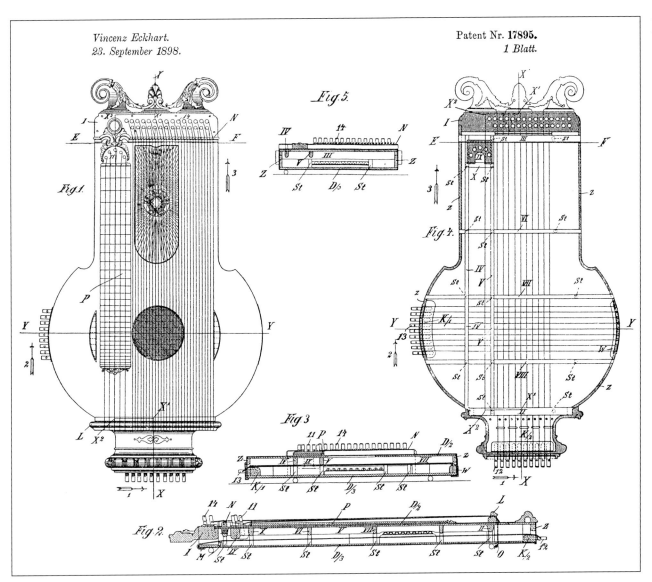

Bild 38
Für diese formschöne, symmetrische Konzertzither mit kreuzweise eingezogenen Resonanzsaiten (X und Y) erhielt Vincenz Eckhart (Graz, Österreich) am 28. September 1898 das schweizerische Patent No 17'895.

Bild 39
Die Perfektazither wurde um 1890 eingeführt.
links: Standardmodell.
rechts: nicht alltägliche Vollform, auf der Decke mit eingesetzter Flachschnitzerei.

Bild 40
Arionzither.

Bild 41 (rechts)
Arionharfenzither.

Kontrabasssaiten den Saiten des 1. und 2. Quintenzirkels unterlegt, womit zusätzlich eine Synthese von Normal- und Wiener-Stimmung erreicht wurde (vgl. Bild 30). Allerdings stellen diese beiden Instrumente höchste Anforderungen an eine präzise Spielweise, wurden hauptsächlich von namhaften Solisten gebraucht und sind heute kaum mehr zu hören. Prominentester Vertreter dieser Linie ist der aus Budapest stammende und später vor allem in Deutschland wirkende Virtuose und Komponist Richard Grünwald (1877–1963).

Über mehrere Jahrzehnte etablierte sich auch die ab 1880 propagierte Arionzither (Bild 40), ein Rückgriff auf die Mittenwalder Form (vgl. S. 20); was die Stimmung und die Saitenanordnung betrifft, so brachte sie nichts Neues, wurde aber ihrer dekorativen Form wegen sehr geschätzt. Überhaupt verdient das Stichwort «Dekoration», es darf auch mit «Eleganz» ergänzt werden, für die namhaften Zitherbauer des ausgehenden 19. und frühen 20. Jahrhunderts besondere Beachtung: Noch immer staunt man über die gediegenen Instrumente von Anton Kiendl (1816–1871) – in seiner Manufaktur in Wien entstanden zwischen 1844 und 1871 mehr als 15 000 Konzertzithern[11], die ihm höchste Auszeichnungen und

---

[11] Josef Focht, in: Zwei Jahrhunderte Zither in München, S. 15.

 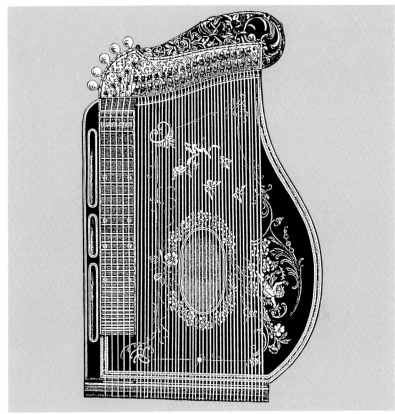

weltweite Anerkennung eintrugen –, Max Amberger (1839–1882) in München, Xaver Kerschensteiner (1839-1915) in Regensburg, Johann Haslwanter (1824–1884) in München, Anton Bräuer (Schönbach in Böhmen, Geschäftsgründung 1896, beschäftigte um 1920 rund 30 Arbeiter[12]), und andern, welche ein Höchstmass instrumentenbauerischen Könnens glücklich mit der Lust an Verzierung und Schmuck verbanden, wobei kunstvolle Schnitzereien und Perlmuttereinlagen gleichermassen Anwendung (Bild 42) fanden. Gelegentlich wurde beinahe zu viel angewendet, wie bei dieser mit doppeltem Resonanzboden versehenen Konzert-Triumph-Zither (Bild 43); das Luxusmodell hatte reiche Perlmutter- und Holzeinlagen auf der Schalldecke, die Randeinlage war aus Elfenbein, die vergoldete Mechanikplatte umfasste auch die Begleitsaiten, gekrönt wurde das Ganze von hochfeinen Ebenholzschnitzereien am Wirbelstock. Hergestellt um 1900, kostete es stolze 614 Mark. Zum Vergleich: die billigsten Konzertzithern waren damals ab 15 Mark zu haben, einwandfreie Standardmodelle ab etwa 40 Mark.

Eine Neuerung im Zitherbau, die bald für Standardmodelle, Perfektazither, Arionzither und andere gleichermassen Anwendung fand und bis heu-

Bild 42 (links)
Bewundernswert ist die Verschmelzung von professionellem Zitherbau und Kunsthandwerk im ausgehenden 19. Jahrhundert.

Bild 43
Konzert-Triumph-Zither mit überbordendem Schmuck: Elfenbein-, Perlmutter- und Holzeinlagen, vergoldete Mechanikplatte sowie hochfeine Ebenholzschnitzereien.

---

12 Jan Folprecht, Die Zither in Böhmen, Mähren und Schlesien, S. 45.

*Bild 44
Luftresonanz-Harfenzither.*

*Bild 45
Die Anatomie der heute gebräuchlichen Luftresonanz-Harfenzither, gezeichnet von Joop de Jongh (1935–1996), Begründer des Niederländischen Zitherbundes.*

te eine wesentliche Rolle spielt, ist die vom Grazer Zitherbauer Johann Jobst 1905 in Wien patentamtlich angemeldete Luftresonanzzither. Sie verfügt oberhalb der Zitherstifte über ein kleines Schalloch und einen kleinen Resonanzraum, welcher mit dem eigentlichen Resonanzraum des Instrumentes verbunden ist; der Wirbelstock ist also nur mit der Decke vollständig verleimt und unten teilweise frei. Adolf Meinel (1872–1953), in Markneukirchen, hat ebenfalls neue Qualitätsmassstäbe für den Zitherbau gesetzt. Zudem führte er um 1930 die Quint- und Basszither ein, was für Komponisten, Spielgruppen und Vereine neue Möglichkeiten eröffnete. Ausgangspunkt für die Schaffung weiterer Grössenformen mit veränderter Mensur und Stimmung bildete die Diskantzither, nur bei ihr erklingt die Musik getreu dem Notenbild. Die andern Zithern sind transponierend, das heisst, ihre Tonhöhe ist nicht die gleiche wie im Notenbild dargestellt: Die Quintzither erklingt eine

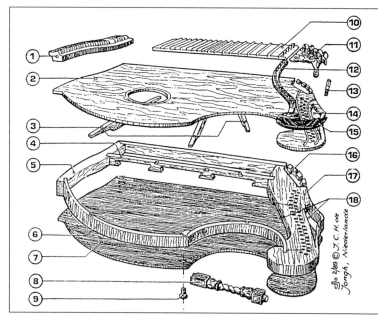

1 Steg
2 Decke
3 Deckenbalken
4 Brückenbalken (oder Brücke)
5 Nagelstock
6 Zarge
7 Boden
8 Säule
9 Fuss
10 Griffbrett
11 Mechanik
12 Sattel
13 Wirbel
14 Luftresonanz
15 Schnecke
16 Mechanikaussparung
17 Wirbelstock
18 Luftresonanzkanal

Quint höher als notiert, die Altzither eine Quart tiefer, die Basszither eine Oktave tiefer.

Die Luftresonanz-Harfenzither[13] und die Luftresonanz-Konzertzither sind die heute gebräuchlichsten Zitherformen (Bilder 44 und 45). Als Spätform gesellte sich in den 1960er Jahren noch die vom deutschen Zitherbauer Ernst Volkmann entwickelte Psalterform mit geraden Begrenzungen dazu, die insbesondere von anspruchsvollen und konzertant auftretenden Spielern und Spielerinnen bevorzugt wird.

Die Streichzither

Nebst der Zither spielte Johann Petzmayer (vgl. S. 21) auch die Violine. Daher kam er auf den Gedanken, als Ergänzung zur Schlagzither ein zitherartiges Streichinstrument in Herzform zu kreieren. Kernstück ist das Griffbrett mit festen Bünden, welches demjenigen seiner Schlagzither entsprechend mit drei Stahlsaiten bezogen und gleich gestimmt war: a', d', g. 1823 trat er damit an die Öffentlichkeit und erntete allgemeine Anerkennung.

Bald wurde der viersaitige Bezug mit der Stimmung e'', a', d', g eingeführt, das Griffbrett chromatisch eingerichtet. In dieser Form fand die Streichzither (Bild 46) bis ins erste Drittel des 20. Jahrhunderts unter Konzertzitherspielern eine recht grosse Verbreitung, denn die zithergemässe Grifftechnik der linken Hand blieb erhalten, im Prinzip war nur der Umgang mit dem Bogen etwas Neues. Für die Stan-

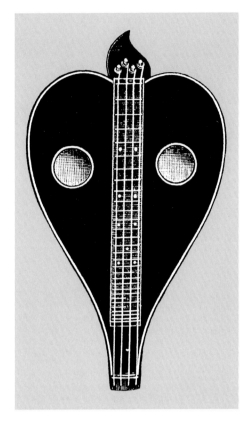

Bild 46
Streichzithern wurden in symmetrischer und asymmetrischer Herzform gebaut.

---

[13] Das Attribut «Harfen» steht für Konzertzithern, welche einen Säulenschmuck haben, ausgenommen die Perfektazither, wo die Säule unabdingbare Stützfunktion hat.

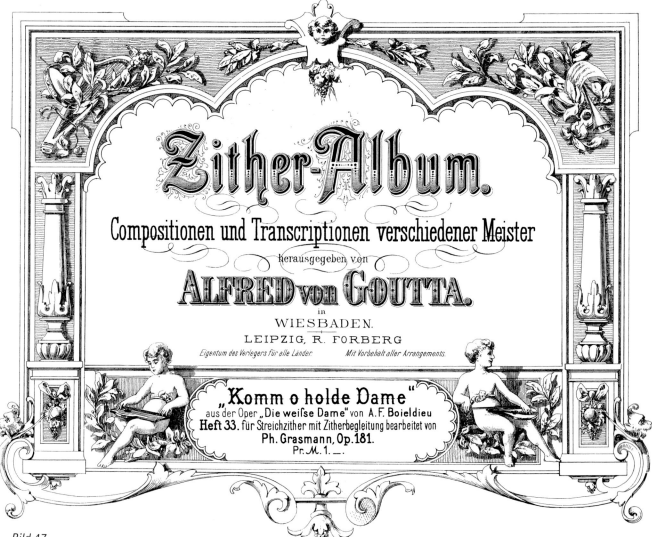

Bild 47
Für die Standardbesetzung Konzertzither - Streichzither entstand eine reichhaltige Notenliteratur.

dardkombination Konzertzither/Streichzither entstand eine reichhaltige Notenliteratur (Bild 47). Ausnahmsweise wurden sogar fünfsaitige Instrumente hergestellt: e'', a', d', g, c[14]. Ähnlich wie die Konzertzither wurde die Streichzither in verschiedenen Grössen und Tonlagen gebaut: Diskant-Streichzither e'', a', d', g, Viola-Streichzither a', d', g, c, Cello-Streichzither a, d, G, C, wobei die letztgenannte nur selten Anwendung fand.

Viele Versuche wurden unternommen, mittels anderer Formen den verhältnismässig schwachen, obertonreichen und näselnden Klang der Streichzither zu verbessern. Erfolgreich waren das 1856 eingeführte Streichmelodion (Bild 48) sowie die seit etwa 1885 verbreitete Schossgeige (Bild 49).

Streichzither und Streichmelodion werden zum Spielen auf den Tisch gelegt und mit drei dornbestückten Stellfüsschen fixiert (Bild 50), während beim

---

[14] Tobias Norlind, Systematik der Saiteninstrumente, S. 291.

Die Streichzither

*Bild 48 (links)
Streichmelodion.*

*Bild 49
Schossgeige.*

*Bild 50
Spielhaltung der Streichzither.*

Spielen der Schossgeige der Korpus im Schosse des Spielers ruht, und der Halsansatz des Instrumentes an die Tischkante gedrückt wird. Diese Partie ist oft mit einem Stachel versehen, um ein Abrutschen an der Kante zu vermeiden. Daneben gab es unter den Streichzithern auch abenteuerliche Eintagsfliegen, wie das 1903 patentierte Pentaphon (Bild 51). Es ist mit einer maliziös-nekrotischen Eleganz ausgestattet, pendelnd zwischen versenkbarer Nähmaschine, unschuldigem Harmonium sowie depressivem Panzerschrank, und verdiente im Guinessbuch der Weltrekorde unter der Disziplin «wie macht man Einfaches kompliziert» einen ewigen Eintrag. Mit den Pedalen wird eine Bandrolle in Bewegung gesetzt. Die rechte Hand bedient die fünf Tasten

Die Streichzither

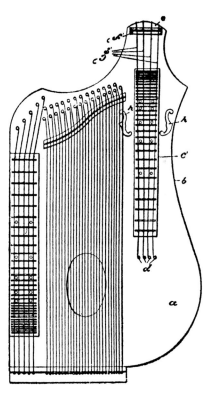

Bild 51
Das 1903 patentierte Pentaphon war eine Eintagsfliege unter den Streichzithern, eine relativ kolossale ...

Bild 52 (rechts)
Die einer deutschen Patentschrift aus dem Jahre 1902 beigefügte Skizze zeigt ein Duettinstrument, eine Verbindung von Konzertzither und Streichzither.

des Kästchens, welches hinter dem Griffbrett angebracht ist, jede Taste wirkt auf eine Saite, die linke Hand hat nur noch die Griffbrettsaiten gegen die Bünde zu drücken. Spielerisch bietet das Pentaphon gleich viel wie eine Streichzither, klanggestalterisch entschieden weniger, es sei denn, man rechne die unvermeidlichen Nebengeräusche des Tretapparates als perkussiv-avantgardistisches Element mystisch-erweiterter Musikerfahrung ...

Streichzither, Streichmelodion und Schossgeige sind bei den aktiven Zitherspielern und -spielerinnen mehr oder weniger in Vergessenheit geraten. Werden heute alte Stücke für diese Besetzung interpretiert, so kommen die Geige und das Cello zum Einsatz.

Die Konzertzither in der Schweiz

Frühzeit 1850–1900

Während die Kratzzither und die Schlagzither mit der Herausbildung der Schwyzer Zither und der Glarner Zither in der Schweiz eine eigenständige Richtung einschlugen und bis in unsere Tage eine ganze Anzahl von Instrumentenbauern hervorbrachte, welche die urtümlichen Instrumente kultivierten, trat die Konzertzither hierzulande als fertiger Importartikel auf und fand in der zweiten Hälfte des 19. Jahrhunderts zunächst bloss zögerliche Verbreitung. Eine Baukultur entstand nur punktuell und war bestenfalls von regionaler Bedeutung. Nachgewiesen sind nur gerade zwei Instrumentenbauer: Paul Meinel hat um 1900 in Basel Konzert- und Streichzithern gebaut. Die abgebildete Konzertzither (Bilder 53 und 54), ein Standardmodell mit einer schönen und eher seltenen Vogelaugenahorndecke, befindet sich in Privatbesitz, das Historische Museum Basel bewahrt eine von ihm gebaute Streichzither auf. Um 1910 wirkte Gustav Ernst Schmidt an der Löwenstrasse 39 in Rorschach, nach eigener Werbung tätig in Fabrikation und Versand von Streichinstrumenten, Gitarren, Mandolinen und Zithern. Auch hier (Bild 55) handelt es sich um ein sorgfältig gebautes Standardmodell. Als Besonderheit sei die eingezogene Zarge erwähnt, Decke und Boden sind also zargenseitig leicht vorstehend, so wie man es von den alten Glarner Zithern kennt (vgl. S. 25). Weiter sind einige Gelegenheitsarbeiten verschiedener Instrumentenbauer bekannt, also Konzertzithern, die ausnahmsweise auf spezielle Kundenwünsche hin gebaut worden sind,

Bild 53
Instrumentenzettel,
Detail des Bildes 54.

Bild 54
Konzertzither, Paul Meinel,
Basel, um 1900.

46

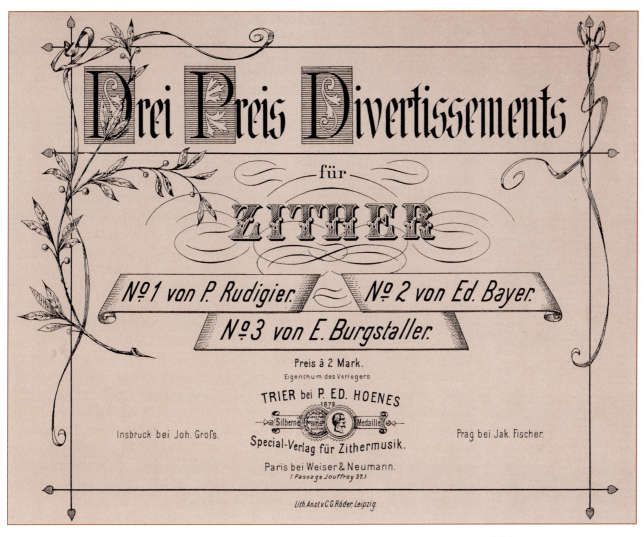

Bild 56
Titelblatt einer preisgekrönten Komposition von Paul Rudigier (1830–1890), der als Musiker und Förderer des Zitherwesens in St. Gallen lebte und weit über die Landesgrenzen hinaus angesehen war.

Bild 55 (linke Seite)
Konzertzither, Gustav Ernst Schmidt, Rorschach, um 1910.

wie beispielsweise ein in Privatbesitz befindliches Exemplar von Gottlieb Ringier (1857–1922), der seine Werkstatt in Zofingen hatte. Ansonsten wurden die Instrumente importiert.

Der erste Konzertzitherverein der Schweiz wurde 1877 in Winterthur gegründet. Es folgten 1880 St. Gallen, 1883 Zürich und Luzern, 1884 Biel, 1885 Basel. Diese Daten nennt ein Fachartikel von J. Camenzind zur XV. Tagung des Verbandes Schweizerischer Zithervereine in Winterthur, 1921. Weitere Angaben, welche die Zeit vor 1890 betreffen, liefert Hans Kennedy aus Deutschland, selber angesehener Interpret, Komponist und pointierter, gelegentlich bissiger Chronist und Kritiker, in seinem 1896 erschienenen, 200-seitigen Werk «Die Zither», das bis heute eine wichtige Quelle geblieben ist. Drei Namen werden genannt: Paul Rudigier in St. Gallen, Rudolf Lechleitner in Zürich und Sebastian Mayr in La Chaux-de-Fonds. Paul Rudigier (1830–1890) wird auch im 1963 erschienenen «Handbuch der Zither» erwähnt und dort als Frühvertreter unter den Zitherkünstlern angesprochen[15]. Er hat als Musikschriftsteller, Komponist und Virtuose Hervorragendes geleistet und weit über die Landesgrenzen hinaus gewirkt. Geboren in Tschuppach, Tirol, liess er sich in jungen Jahren in St. Gallen nieder. Er war Musiklehrer, Dirigent des dortigen Zithervereins und Ehrenbundeslehrer des süddeutschen Zitherbundes. Seine Kompositionen und Schulwerke veröffentlichte er in verschiedenen Verlagen, sie fanden eine beachtliche Verbreitung (Bild 56). Dazu Kennedy[16]: «Rudigiers Kompositionen paaren Darr'sche Schlichtheit mit Albert'scher Korrektheit. Wie Haustein und Pugh weiss auch er die goldene Mitte zu finden, gediegenes theoretisches Wissen, harmonischen Reichtum und geschmackvolle Melodien mit gefälliger Spielbarkeit zu vereinigen. Seine Werke sind längst zitheristisches Allgemeingut geworden, sie gehören – besonders die Ensemblesachen und Arrangements – zum Fond aller Zithervereinskonzerte. Pädagogisch wirksam gewesen ist Rudigier durch zahlreiche Aufsätze in den verschiedenen Fachschriften. Unter dem Pseudonym J. Christ hat er zusammen mit P. Ed. Hoenes die ‹Darstellung der Zither› geschaffen, seine ‹Harmonik für Zitherspieler› (Verlag Hoenes) ist das erste bedeutende Werk, der ‹Weigel› unserer theoretischen Litteratur[17] und seine ‹Grund-Elemente des Zitherspiels› (Fiedlers Verlag, Tölz) ein überaus förderliches Hilfsmittel beim Unterricht.»

Rudolf Lechleitner erwarb sich mit seinem «Züricher Zither-Trio» sowie als Solist einen ausgezeichneten Ruf, betätigte sich als Komponist (Bild 57), Dirigent und gründete 1893 ein Konzertzitherfachgeschäft. Um die Jahrhundertwende war die Begeisterung für das Instrument im Raume Zürich so gross, dass Lechleitner sogar eine «Zithermusikalien-Leihanstalt» einrichtete, eine Art Noten-Bibliothek, mit mehreren hundert Titeln. Gleichzeitig existierte ein «Konzert-Zither-Institut-Helvetia», wo sich leider nicht mehr eruieren lässt, was genau hinter dem klangvollen Namen steckt. Sebastian Mayr wirkte als Komponist, seine Werke wurden u. a. im Verlag von Paul Eduard Hoenes (1834–1901) in Trier verlegt. Nach mündlichen Berichten soll er in La Chaux-de-Fonds einen Zitherverein geleitet haben.

Im Jahre 1901 existierten in der Schweiz 18 Zithervereine, die aber nur losen Kontakt pflegten, Versuche einer schweizerischen Verbandsbewegung waren in den 1890er Jahren fehlgeschlagen.

In seiner 120-seitigen «Darstellung der Zither», erschienen 1889, weist sich Paul Rudigier alias J. Christ als hervorragender Kenner sowohl der Geschichte als auch der damals aktuellen Verhältnisse in Mitteleuropa aus (was natürlicherweise eine ziemliche Fokussierung auf die Kaiserreiche Deutschland und Österreich-Ungarn bedeutet), der Besaitungs- und Notationsweisen (Vi-

---

[15] Dr. Josef Brandlmeier, Handbuch der Zither, Band 1, S. 124 und 289.

[16] Bei den andern genannten Namen in diesem Zitat (S. 104) handelt es sich ebenfalls um angesehene Zither-Grössen und Fachleute ihrer Zeit.

[17] Zum besseren Verständnis: So wie Weigel (vgl. S. 30) Pionierarbeit für eine systematische Stimmung der Zither geleistet hat, so hat, nach Kennedys Meinung, Rudigier Grundsätzliches für die Verbreitung der damals progressiven Normalstimmung getan.

Bild 57
Rudolf Lechleitner war in Zürich aktiv und betätigte sich auch als Komponist. «Auf nach Genf!» widmete er der Landesausstellung 1896.

olin- versus Bassschlüssel), aller wichtigen Fachschriften, der Vereins- und Verbandsbewegungen sowie der Zither-Förderer und -Komponisten. Für die Frühphase der Konzertzither in der Schweiz macht er andere Angaben. Nach ihm entstanden in den 1870er Jahren bereits mehrere Vereine, nämlich in Bern, Aarau, Basel, St. Gallen und Vevey, wenig später auch in Genf. Wessen Darstellung stimmt jetzt? Die der Winterthurer Festschrift, 1921, oder die von Rudigier, 1889? Beide! Nach meinem Dafürhalten nennt die Winterthurer Festschrift die Vereine, welche sich in der Verbandsbewegung engagierten und 1921 aktiv waren, während die rund 30 Jahre ältere Darstellung von Rudigier alle Vereine nennt, darunter auch solche, welche in der Folgezeit wieder verschwanden und somit 1921 gar keine Wichtigkeit mehr hatten. Diese Einschätzung passt gut in das überaus vereinsfreudige Gesellschaftsleben des ausgehenden 19. Jahrhunderts, wo Kultur-, Sport-, Schützen-, Gesangs- und Musikvereine wie Pilze aus dem Boden schossen; viele hatten Bestand, andere verschwanden bald wieder. Als Spiegel dieser wechsel-

Bild 58 (rechte Seite)
Mit dreitägigen Kongressen und anspruchsvollen Konzerten trat die junge Verbandsbewegung an die Öffentlichkeit und stärkte die Bande der Freundschaft. Titelseite der Festschrift, 1904.

haften Zeit sei auf die frühe Vereinsgeschichte des Zithervereins Zürich hingewiesen[18]: Am 2. Dezember 1883 wurde der Verein als «Gemischter Zitherverein Zürich» aus der Taufe gehoben, am 4. Januar folgte die erste Probe, woran 28 Mitglieder teilnahmen. Die anfängliche Begeisterung dauerte kurz, bereits anfangs März gaben 12 Aktive ihren Austritt. Dennoch folgten Ende März 1884 die erste öffentliche Abendunterhaltung und am 16. Januar 1885 das erste Konzert, welches bei einem Eintrittspreis von 60 Rappen den stolzen Reinerlös von 148 Franken und 70 Rappen erbrachte. Wenig später trat der erste Dirigent zurück. Als Nachfolger amtete der auch kompositorisch tätige Bernhard Fritz. 1887 wurde kein Konzert durchgeführt. 1891 übernahm Rudolf Lechleitner den Dirigentenstab und brachte den Verein zu neuer Blüte. Viele Konzerte und Neueintritte – allein im November 1896 traten 13 Zitherspieler ein – prägten seine annähernd 10-jährige Ära. Unter seiner Leitung verbanden sich die Zithervereine Zürich und Winterthur für zwei Konzerte. Nachdem er das Konzert für sein 10-jähriges Dirigentenjubiläum vorbereitet und eine entsprechende Festschrift redigiert hatte, verstarb Rudolf Lechleitner[19] überraschend am 21. Januar 1901, drei Wochen vor dem grossen Fest[20].

Blütezeit 1900–1960

Eine neue Epoche begann mit Anton Smetak (1878-1955), der 1901 von Wien nach Zürich übersiedelte und dort als Pädagoge, Dirigent, Komponist und Vortragskünstler eine überaus rege und erfolgreiche Tätigkeit entfaltete. Er ist auch Verfasser einer vierbändigen Zitherschule und förderte speziell die damals moderne Perfektazither (vgl. S. 36). Bereits 1902 gelang ihm die Gründung des «Verbandes der Schweizerischen und Oberrheinischen Zithervereine». Damit war erstmals eine schweizerische Dachorganisation für das Zitherwesen entstanden, mit dem Einbezug des Oberrheinlandes sogar grenzüberschreitend, was den vermehrten Austausch unter den Regionen und ein starkes Zusammengehörigkeitsgefühl förderte; Kongresse mit wechselnden Gastgeberorten bezeugen dies: 1903 in Zürich, 1904 in Luzern (Bild 58), 1905 in Basel (Bild 59), 1906 in Biel, 1907 in Winterthur, 1908 in Solothurn.

1904 wurde der Verband in gegenseitigem Einverständnis umbenannt und hiess fortan «Verband Schweizerischer Zithervereine». Dies hatte sich aufgedrängt, weil parallel zur Gründung badische und württembergische Vereine, die ihre Teilnahme schon zugesagt hatten, kurz entschlossen einen eigenen Verband gründeten und die Beteiligung von deutscher Seite mit

---

[18] Die frühe Luzerner Vereinsgeschichte (vgl. S. 59) zeigt ähnliche Turbulenzen.

[19] Die hervorragende Bedeutung von Rudolf Lechleitner lässt sich u. a. daran erkennen, dass der von ihm gegründete Verlag auch nach dessen Tode unter Lechleitners Name weitergeführt wurde und anfänglich, wie aus einem Inserat des Jahres 1905 zu entnehmen ist, Smetaks Werke herausgab.

[20] Diese Angaben über die Vereinsgeschichte des Zithervereins Zürich, 1883–1901, stammen aus einer Seminararbeit von Andri Janett und Rolf Gollob, verfasst 1985 am Volkskundlichen Seminar der Universität Zürich, unter dem Titel «Vereine in Zürich – der Zitherverein Zürich».

Preis: 25 Cts. oder 20 Pfg.

FEST-BLATT

zur II. HAUPT-VERSAMMLUNG DES VERBANDES SCHWEIZERISCHER ZITHER-VEREINE am 23., 24. und 25. April 1904 in Luzern

Redigiert von Adolf Arnold, Strassburg i. E.

Strassburg, im April 1904.

An die Mitglieder unseres Verbandes!

Zum zweiten Male ergeht der Ruf: „Auf zur Hauptversammlung, zum ehrlichen Wettstreite!" Nicht nur dem vollendeten Künstler wird dort der Lorbeer winken, nein auch der Dilettant wird die Anerkennung und den Lohn für sein ehrliches Streben nach Vervollkommnung in der Kunst erringen können. Unsere Verbandszusammenkünfte sollen für jeden eine Anregung zum eifrigen Streben sein.

Ein Jahr, reich an Arbeit und Mühe liegt hinter uns, auch für die folgende Zeit wird uns reichliche Arbeit bevorstehen, um das Schifflein unseres Verbandes durch die mancherlei Klippen, die es bedräuen, zum sicheren Endziele zu steuern. Da sich naturgemäss die Einzelheiten der gepflogenen Verhandlungen der Kenntnis der meisten Mitglieder des Verbandes entziehen, so ist es mir um so mehr Bedürfnis, auszusprechen, dass bei dem grossen Endziele, das bei Gründung des Verbandes in Aussicht genommen war, eine regere Teilnahme deutscher Vereine erwartet werden konnte und nicht durch Sonderbestrebungen eine Zersplitterung der Kräfte eintreten würde. Nachdem jedoch die badischen und württembergischen Vereine, auf deren Teilnahme bestimmt gerechnet war — und dies um so mehr, als bereits einige Vereine zugesagt hatten — Sonderverbände gegründet hatten, erübrigte sich in Anbetracht dessen, dass der Schwerpunkt unseres Verbandes bei den schweizerischen Vereinen lag, bereits nach kaum einjährigem Bestehen des Verbandes eine Namensänderung. Wie es scheint hat sich unsere Namensänderung ohne jegliche Störung glatt vollzogen. Nach dem Prinzip „**Allen wohl und Keinem wehe!**" wünschen wir im Interesse unserer Kunst allen Konkurrenzbestrebungen bestes Gedeihen und Blühen, richten aber auch hierbei an alle Mitglieder unseres Verbandes, und ganz besonders an diejenigen auf deutschem Boden, die dringende Bitte auch für die Zukunft an unserem Verbande festzuhalten und sein Streben eifrig zu unterstützen; **denn für die Kunst giebt es keine Landesgrenzen!**" Es ist Pflicht eines jeden Mitgliedes, stets darauf bedacht zu sein, dass der Verband wachse, blühe und gedeihe!

Dass unser Verband lebensfähig ist, hat der erste Kongress in Zürich bewiesen. Die Vervollkommnung des Verbandes und Ausscheidung irgend welcher Mängel in der Organisation wird sich in Luzern ohne besondere Bedenken erledigen lassen. Obschon jeder Wechsel im Vorstande schon in einem Vereine nicht immer vorteilhaft ist, geschweige denn für einen Verband, so wird es doch für die Weiterentwickelung des Verbandes von grossem Nutzen sein, wenn sein Vorstand möglichst im Zentrum desselben seinen Wohnsitz hat. Mein Interesse an unserer Verbandssache wird hierdurch nicht geschmälert werden. Ich werde auch künftighin der Sache mit Leib und Seele zugetan sein und bleiben. Ich habe getan, was in meinen schwachen Kräften stand und hoffe zuversichtlich, dass Sie einen Nachfolger finden, dem Sie auf Lebenszeit das Präsidium anvertrauen werden zum Segen der Kunst und zum Wohle des Verbandes.

A. Schleifstein, Präsident.

 Konzert-Programme auf Seite 5.

Gebr. Riedel, Strassburg.

Die Konzertzither in der Schweiz

*Bild 59
Postkarte der Jahreszusammenkunft des Verbandes Schweizerischer Zithervereine, Basel, 1905.*

Mülhausen, Konstanz und Strassburg deutlich unter den Erwartungen lag[21]. Das Leiten des Verbandes oblag nun definitiv den Schweizern, die ihre Aufgabe mit grossem Eifer wahrnahmen und mit ihrem vorbildlichen Schaffen weit über die Landesgrenzen Anerkennung ernteten. E. Maag (Zürich) amtete als Präsident und Smetak von Anfang an als musikalischer Leiter. Die Zusammenarbeit mit den drei deutschen Vereinen war weiterhin eine sehr gute und freundschaftliche, was sich auch daran erkennen lässt, dass die Verbands-Tagungen 1909 in Mülhausen und 1912 in Konstanz durchgeführt wurden. Auf deutscher Seite engagierten sich in dieser Frühphase der 1905 verstorbene Anton Schleifstein (Strassburg), er war der erste Präsident,

und Adolf Arnold (1874–1947), Zitherlehrer, Komponist und Dirigent, damals ebenfalls wohnhaft in Strassburg. 1914 zählte der Verband vierzehn Mitgliedervereine, davon elf schweizerische und drei deutsche.

Der Erste Weltkrieg, 1914–1918, führte zu einer Neuorientierung. Der Kontakt mit den drei deutschen Vereinen war während den vier Kriegsjahren vollständig abgebrochen und konnte anschliessend nicht mehr erneuert werden. Auch auf schweizerischer Seite waren die Aktivitäten praktisch zum Erliegen gekommen. Umso verdienstvoller, dass sich der damals mittellose Verband 1919 zu einer Solidaritätsaktion für den bekannten Wiener Zitherkomponisten Josef Haustein (1849–1926) entschloss, mit dem die Schwei-

---

[21] Entgegen der Darstellung im «Handbuch der Zither», wonach die eigentliche Gründung des Verbandes Schweizerischer Zithervereine erst nach dem Ersten Weltkrieg erfolgt sei (S. 125), geschah dies bereits 1904.

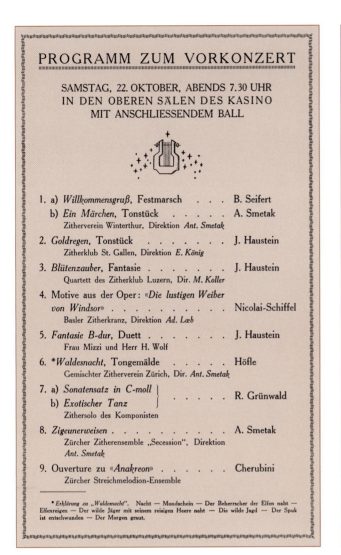

Bild 60
Programm zur 15. Tagung des Verbandes Schweizerischer Zithervereine, durchgeführt in Winterthur, 22. und 23. Oktober 1921.

zer besonders verbunden waren[22]; einerseits war Smetak ein äusserst begabter und dankbarer Schüler Hausteins gewesen und hatte sich als Dirigent und Künstler bereits in Wien einen hervorragenden Namen geschaffen, andererseits engagierten sich beide für die Verbreitung der Perfektazither[23].

1921 zählte der Mitgliederbestand 13 Vereine, nämlich: Zitherensemble «Secession» Zürich, Gemischter Zitherverein Zürich, Zitherkranz Zürich, Zitherorchester Wollishofen, Zitherverein Winterthur, Zitherkranz Basel, Zitherverein St. Gallen, Gemischter Zitherklub Chur, Zitherklub Glarus, Gemischter Zitherklub Stäfa, Zitherverein Baden, Zitherverein Bern, Zitherklub Biel.

An der Verbandstagung vom 22./23.10.1921 in Winterthur (Bild 60) beteiligten sich die Mitgliedervereine Zü-

---

[22] Von der sogenannten «Haustein-Spende» wird in diesem Kapitel noch bei der Luzerner Vereinsgeschichte die Rede sein (S. 60).

[23] Nach Hausteins Tod (1926) bemühten sich die Schweizer auch erfolgreich um die Sicherung seines Nachlasses und veröffentlichten viele bedeutende Werke.

Bild 61
Um 1920 gab es in der Schweiz diverse Konzertzitherfachgeschäfte, meistens von Leuten geführt, die auch im Verbandswesen aktiv waren.

rich, Winterthur, St. Gallen, Luzern, Basel, Bern, Glarus sowie Smetaks Elite-Ensemble «Secession». Weiter wurden vier Nicht-Mitglieder eingeladen, die Vereine Horgen, Altstetten, Brugg und Romanshorn. Als Solisten konnten Richard Grünwald (Köln) und Heinrich Wolf (Bern) gewonnen werden.

Eine Pressestimme kommentierte diesen Anlass: «Samstag und Sonntag den 22. und 23. Oktober 1921 vereinigten sich in Winterthur die Sektionen des Verbandes der schweizerischen Zithervereine zu einer gemeinsamen Tagung, verbunden mit zwei Konzerten, die unter der Leitung von Direktor A. Smetak einen in ihrer Art künstlerischen Erfolg bedeuteten. Sie haben einem zahlreichen Publikum bewiesen, dass die Zither wohl als konzertfähiges Instrument bewertet werden darf, wie es hier der Fall war, die Auswahl der Literatur eine sehr gute ist und die Konzertierenden sich der Aufgabe bewusst sind, durch ihre Darbietungen die Vorurteile zu zerstreuen, die noch vorhanden sind. Vor allem sind es die beiden Solisten des Hauptkonzertes, die Herren Grünwald aus Köln und Wolf aus Bern, die durch ihre meisterhafte, auf künstlerischer Höhe stehenden Vorträge auf der Zither zeigten, welch ungeahnten Ausdrucksmöglichkeiten des musikalischen Empfindens diese Saiteninstrumente bieten. Herr Grünwald, der sich als erfolgreicher Komponist betätigt, erwies sich auch als Virtuos auf dem Streichmelodion, auf dem er besonders beim Vortrag von Sarastes spanischem Tanz ‹Zapatedo› eine erstaunliche Technik entwickelte. Die beiden Zürcher Vereinigungen Streichmelodion-Sextett und Zitherensemble ‹Secession› brachten sehr melodiöse und wohlvorbereitete Darbietungen zu Gehör. Die Gesamtchöre der Verbandsvereine ernteten ebenfalls reichlich Beifall infolge der glücklichen Verbindung von Zithern und Streichinstrumenten, welch letzteren dem Ganzen als solide Grundlage dienten, so dass eine prächtige Klangfülle entstand. Das Konzert, dessen grosser Erfolg wohlverdient war, hat bewiesen, dass die Kunst des Zitherspiels in unserem Lande sich in aufsteigender Linie bewegt, dank dem musikalischen Verständnis und Gewissen von Führern und Ausübenden.»

1923 wurde die monatlich erscheinende Zeitschrift «Unser Verband» ins Leben gerufen, das Nachrichten-Organ des Verbandes Schweizerischer Zithervereine, unter der redaktionellen Leitung von F. Kradolfer (Winterthur) und W. Brütsch (Winterthur). In der zweiten Ausgabe schrieb Anton Smetak in einem Artikel: «Die Vervollkommnung der Zither in Bezug auf Bauart und Literatur vollzog sich in den vergangenen drei Jahrzehnten ganz abseits vom allgemeinen Musikgetriebe, und so mancher Berufsmusiker ist heute ganz erstaunt über die Klangwirkung einer von geschulten Fingern gespielten, modernen Zither, die ihm immer nur als ein Instrument für Alpenmusik vorschwebte und um das er sich meinte nicht bekümmern zu müssen. Die heutige Zither hat fast den gleichen Tonumfang wie das Klavier, nur ist ihr Klang inniger und seelenvoller. Ein Stab von hervorragenden Künstlern wirbt durch vollendete Kunstleistungen für das Instrument und die Tore vieler Musikschulen, ja selbst diejenigen des grossen, berühmten Dresdner Konservatoriums haben sich ihm aufgetan. Die Literatur der Konzertzither ist heute auf einer so hohen Stufe angelangt und immer noch in erfreulicher Entwicklung begriffen (dem Streichmelodionspieler steht die gesamte Violin-Literatur offen!), so dass es sich auch für den intelligenten Menschen wohl lohnt, sich mit ihr zu befassen. Gleich dem Klavier und der Violine erfordert natürlich auch die Zither ein jahrelanges, ernstes Studium. In Verbindung mit dem Streichmelodion und der Guitarre ist die Zither zur Vermittlung edelster, musikalischer Genüsse befähigt.»[24]

Die besten Zeiten hatte der Verband in der Zeitspanne 1920–1950, die Zahl der Mitgliedervereine blieb ziemlich konstant, und es wurden zahlreiche Tagungen und gemeinsame Konzerte durchgeführt. Oberste Ziele waren die Bekanntmachung und Verbreitung der Konzertzither, Hebung des allgemeinen Spielniveaus und Förderung neuzeitlicher, fortschrittlicher Kompositionen. Es bestanden sogar Bestrebungen zur Gründung eines internationalen Verbandes, die jedoch nie zur Ausführung gelangten. 1956 figurierten im Verzeichnis: Schweizerischer Zitherlehrerverein, Zitherkranz Altstetten, Zitherklub Edelweiss Zürich, Zitherquartett Zürich (Leitung: Emil Holz), Zitherverein Zürich, Zitherverein Winterthur, Zithertrio Basel (Leitung: Hans Fehr), Zitherklub Interlaken und Umgebung, Zitherklub Luzern, Zitherverein Schaffhausen, Zitherklub Solothurn.

Danach lichteten sich die Reihen der Mitgliedervereine zusehends. Interne Streitereien führten 1959 sogar zu einer Spaltung und lähmten die ohnehin geschwächten Kräfte zusätzlich, nur noch die Vereine Zürich, Winterthur, Solothurn und Luzern verblieben im Verband. Ab 1968 existierte er bloss noch auf dem Papier. Verbandsanlässe wurden keine mehr durchgeführt, die Jahresbeiträge wurden nicht mehr eingezogen. Wegen Austritten, Todesfällen und fehlendem Nachwuchs lösten sich die meisten Vereine auf. 1983 zählte der Verband Schwei-

---

[24] Der Artikel trägt den Titel «Zeitgemässe Betrachtungen», erschienen in: Unser Verband, Ausgabe 2, 1923.

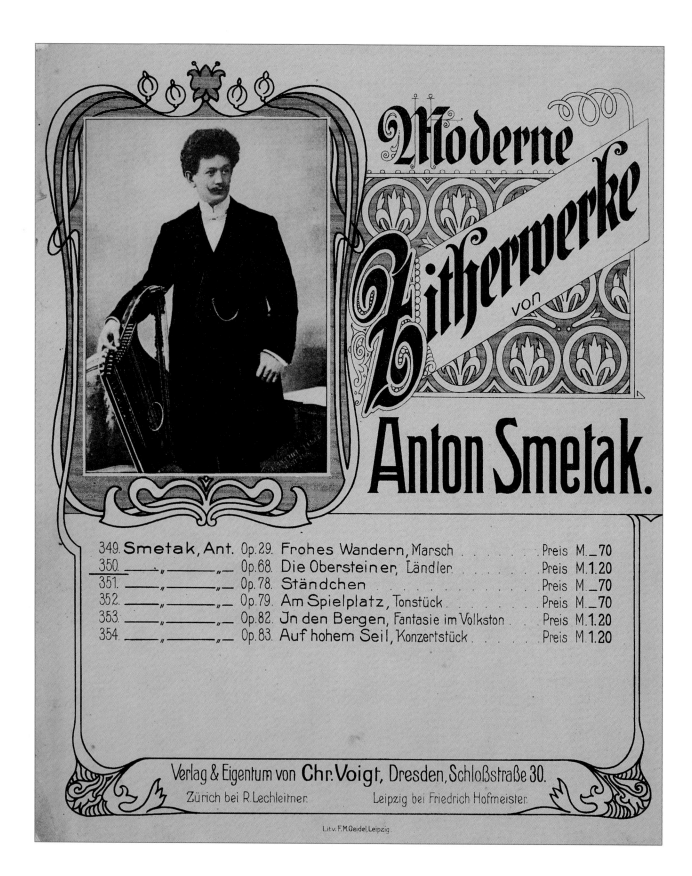

zerischer Zithervereine nur noch die beiden Vereine Luzern und Zürich sowie fünf Einzelmitglieder und wurde aufgrund einer schriftlichen Abstimmung im gleichen Jahr aufgelöst[25]. Die Verbandsnoten und anderes, weiter verwertbares Material gelangten in den Besitz des Zithervereins Zürich. Übersichtshalber sind hier Vereine genannt, die mehr oder weniger lange im Verband mitgemacht haben[26]: Zürich (vier Vereine), Mülhausen, Konstanz, Strassburg, Winterthur, Wollishofen, Luzern, Basel, Schaffhausen, Sankt Gallen, Chur, Glarus, Stäfa, Baden, Bern, Biel, Solothurn, Langenthal, Interlaken sowie der Schweizerische Zitherlehrerverein.

Parallel zum Verband Schweizerischer Zithervereine existierte auch ein «Schweizerischer Zitherlehrerverband», der sich bemühte, das vormals nicht organisierte und oft unqualifizierte Unterrichten in geordnete Bahnen zu lenken und mit der Vergabe eines Verbandslehrerdiploms an fähige Leute den Spreu vom Weizen zu scheiden wusste. AnwärterInnen mussten sich einer anspruchsvollen Prüfung unterziehen. 1914 waren 20 diplomierte Lehrkräfte registriert. Verbandslehrer war unter anderen Alfred Windt in Basel – zusammen mit seinem Bruder führte er dort auch eine Fachhandlung für sämtlichen Konzertzitherbedarf –, der für sich beanspruchte, um 1920 die «Erste Schweizer Zitherschule» herausgegeben zu haben, zwei Bände im Selbstverlag. Das mag insofern richtig sein, als laut Titel «unsere herrlichsten Volks- und Vaterlandslieder» darin enthalten sind, und insofern falsch, als Rudigier und Smetak vor ihm gründlichere Lehrwerke geschrieben haben. Im Grunde der Dinge ist Windts Veröffentlichung weniger als Schule, sondern eher als kommentierte Stückesammlung aufzufassen. Bemerkenswert ist jedoch der Umstand, dass sie zweisprachig herausgegeben worden ist, deutsch und französisch, was den Schluss nahe legt, dass Windt auch in der französischsprachigen Schweiz gewirkt hat, Kompositionstitel wie «Souvenir de Delémont» oder Widmungen «Sur les rives du lac de Neuchâtel - offert à son ancienne élève E.G. à P. directrice du Zither-Club ‹La Colombe› ainsi qu'aux membres de cette société» bekräftigen dies. Das ist umso interessanter, als, nebst der bereits erwähnten Existenz von Sebastian Mayr in La Chaux-de-Fonds, über die Verbreitung der Konzertzither in diesem Landesteil sonst praktisch nichts bekannt ist und selbst diese Fakten in Vergessenheit geraten sind. Um 1930 gehörten der Prüfungskommission des Schweizerischen Zitherlehrerverbandes an: Anton Smetak (Zürich), Mathias Koller (Luzern), Heinrich Wolf (Bern), Fritz Mühlhölzl (München). Nach mündlichen Quellen soll der Verband im Jahre 1950 etwa 40 ausgebildete Lehrkräfte gezählt haben; auch er wurde 1983 mangels Nachfolge aufgelöst.

Smetaks Name ist nicht nur für die Geschichte der beiden Verbände sondern auch für den Zitherverein Zürich von grösster Bedeutung. 1902 wurde

Bild 62 (linke Seite)
Anton Smetak (1878–1955) gilt als wichtigster Konzertzither-Förderer in der Schweiz. Er wirkte als Zithervirtuose, Dirigent, Pädagoge und hat auch als Komponist Hervorragendes geleistet.

---

[25] Letztes Verbandsschreiben, Auflösungsbeschluss, 5.4.1983.
[26] Möglicherweise sind diese Angaben nicht ganz vollständig, sie stammen aus den erhaltenen Verbandsprotokollen des Archivs Luzern (1903–1927 und 1948–1963). Fraglich ist die Periode 1928–1947, nach 1963 wurden keine neuen Mitglieder mehr aufgenommen.

*Bild 63
Das 1902 von Anton Smetak (vorne, in der Mitte) gegründete Ensemble «Secession» konzertierte jahrzehntelang im In- und Ausland. Das Bild stammt aus dem Gründungsjahr.*

Anton Smetak zum Dirigenten gewählt, nachdem er im Dezember 1901 nach nur zweiwöchigen Proben an einem Konzert sein Debüt gegeben hatte. Bald gründete er aus den besten Spielern des Vereins zusätzlich das Ensemble «Secession» (Bild 63), welches jahrzehntelang durch seine erstklassigen Interpretationen bekannt war und Konzertreisen im In- und Ausland unternahm. In den Jahren 1904 bis 1914 wurden die Probenarbeiten des Vereins auf Smetaks Betreiben hin stark intensiviert. Jährlich fanden drei bis fünf Konzerte statt. Wer Mitglied werden wollte, musste sich einer strengen Prüfung unterziehen. Auf diese Weise, ergänzende Fortbildungskurse trugen das ihre bei, stieg das Spielniveau des Vereines in Kürze beträchtlich, ja, der Zitherverein Zürich wurde zur Hochburg vorbildlichen Zitherspiels in der Schweiz und fand auch in deutschen Fachkreisen Anerkennung. Von 1917 bis 1951 wurden jährlich zwei Abonnementskonzerte durchgeführt, die sehr beliebt waren[27]. Daneben setzte sich Smetak auch für die Pflege des Streichmelodions ein, dessen Spiel er ebenfalls meisterhaft beherrschte[28]. In den Vereinen

[27] Die Angaben über Smetaks Wirken als Dirigent des Zithervereins Zürich stammen aus einem von Nelly Egli-Kuhn für die Schweizer Zitherpost verfassten Artikel (Ausgabe No. 29).

[28] Auch Fritz Fehlmann galt als ausgezeichneter Streichmelodionsolist, zusammen mit seiner Frau, Rosa Fehlmann, trug er am Hauptkonzert der Verbandstagung in Solothurn, 1954, W. O. Mickenschreibers «Fantasie d-moll für Streichmelodion und Zither» vor.

blieb das Streichmelodion allerdings auf eine sporadische Anwendung bei Konzerten beschränkt. Im Weitern führte er eine auf gute Zitherartikel spezialisierte Musikalienhandlung und einen eigenen Verlag. Smetak hat sich für die Verbreitung der Konzertzither in der Schweiz grösste Verdienste erworben. Seine kompositorische Arbeit, die ihm weit über die Landesgrenzen hinaus Wertschätzung eintrug, umfasst rund 200 Titel. Aus seiner Schule sind eine ganze Anzahl Künstler und Lehrer hervorgegangen, die sein Werk in der Schweiz weitergeführt haben [29]. Smetaks Nachfolgerin war Jenny Kosa (1913–1994, Bild 64). Sie nahm bereits als zehnjähriges Mädchen ersten Zitherunterricht. Mit 16 Jahren wurde sie in den Zitherverein Zürich aufgenommen, mit 17 konnte sie dort als Solistin debütieren, mit 18 die anspruchsvolle Lehrerprüfung beim Schweizerischen Zitherlehrerverband ablegen und mit 20 beim renommierten Zitherquartett von Anton Smetak mitwirken [30]. In der Folge erlernte sie auch das Spiel der Gitarre und Mandoline und bildete sich als Sopranistin aus. Sie leitete mehrere Chöre und Instrumentalgruppen. Nach dem Tode von Anton Smetak, 1955, führte sie sein Quartett als «Kosa-Quartett» weiter, übernahm die Leitung des Zithervereins Zürich sowie der beiden schweizerischen Verbände [31]. Besondere Genugtuung bereitete ihr der Umstand, dass das Zitherspiel durch ihre ehemalige Schülerin Toshiko Naito in Japan bekannt wurde, die dort in kurzer Zeit eine ansehnliche Anhängerschaft fand und den Zitherverband Japan gründete.

An dieser Stelle sei auch etwas über die wechselvolle Geschichte des Zithervereins Luzern erzählt (Bild 65): 1883 gegründet, hatte der Verein acht Jahre später 50 Franken Schulden und konnte den Dirigenten nicht auszahlen. Im Jahre 1900 wurde an der General-Ver-

Bild 64
Jenny Kosa (rechts) führte die Arbeit von Anton Smetak in Zürich weiter, amtete als Präsidentin der beiden schweizerischen Verbände sowie jahrzehntelang als Dirigentin des Zithervereins Zürich, Foto um 1955.

---

[29] U. a. Georg Mühlegg (1884–1950) – er wirkte hauptsächlich im Kanton Graubünden und war auch Verbandslehrer –, Friedy Meuche, Konrad Stocker (vgl. S. 67).

[30] Diese Angaben sind einer Laudatio zu ihrem 80. Geburtstag entnommen.

[31] Jenny Kosa führte die beiden Verbände ab 1955 bis zur Auflösung 1983.

Bild 65
Zitherverein Luzern,
Atelieraufnahme, 1910.

sammlung der Vorschlag laut, künftig keine «Frauenzimmer» mehr in den Verein aufzunehmen, weder als Aktive noch als Passive. Der Vorschlag wurde verworfen. 1901 bestand der Verein aus 27 Aktiven. 1906 spaltete sich der Verein wegen Unstimmigkeiten in zwei Ensembles, die sich 1910 wieder vereinigten.

Im Kriegsjahr 1917 wurde nach langen Diskussionen beschlossen, keine Internierten aufzunehmen. 1919 beteiligte sich der Verein an der Haustein-Spende. Mathias Koller setzte sich besonders dafür ein und schrieb in einem Zirkular: «Sehr geehrte Zitherfreunde! Wir übermitteln Ihnen in Beilage einen Aufruf zu einer Haustein-Spende, die wir hiermit Ihrem besonderen Wohlwollen empfehlen möchten. Hausteins überragende Bedeutung liegt vor allem in seiner ausserordentlich schöpferischen Tätigkeit als Komponist. Mit genialem Geschick hat er den wahren, reinen Zitherstil bis auf die Höhe der Vollendung gebracht, indem er eine unabsehbare Reihe mustergültiger Werke schuf, die bei strenger Innehaltung der musikalischen Formen und Gesetze dem Wesen der Zither in vorbildlicher Weise angepasst sind. Hausteins Lebenswerk bedeutet in der Geschichte der Zithermusik eine Epoche des künstlerischen Aufstieges, an der jeder Zitherspieler unbedingten Anteil hat. Benützen wir daher die Gelegenheit, um dem verehr-

Bild 66
Der Berner Oberländer Charles F. Mühlemann (1877–1955) verbrachte den grössten Teil seines Lebens in Paris und leitete das dortige «orchestre de citharistes». Auf dem Gruppenbild aus dem Jahre 1903 ist er in der vorderen Reihe, an zweiter Stelle von rechts zu sehen.

ten Vorkämpfer für unsere Zither einen Teil unserer Dankesschuld abzutragen.»

Der aus Bayern stammende Mathias Koller – Verbandslehrer, Mitglied der Verbandslehrerprüfungskommission, er betätigte sich auch als Komponist – leitete den Verein sehr umsichtig von 1910 bis 1935. Am meisten SpielerInnen zählte der Verein wohl unter der Leitung von Julie Lehmann, 1937–1941, über 40 Aktive, darunter eine junge Nachwuchsgruppe von 14 Spielern. Ernst Hohlfeld, Dirigent am Stadttheater Luzern, wirkte von 1941–1970. Darauf folgten als Dirigenten Emil Hogg, Leo Bachmann, Niklaus Späni, Ruedi Beck, und, seit 1998, Thomas Wieland.

Wie eingangs erwähnt, kam die Konzertzither als fertiger Importartikel in die Schweiz. Weiter fällt auf, dass sich namentlich in der Frühphase nicht etwa Schweizer, sondern eher aus dem Ausland zugezogene Fachleute um ihre Verbreitung verdient gemacht haben (u. a. Rudigier, Smetak, Koller, Wolf). Umgekehrt wirkten Schweizer im Ausland, wie beispielsweise der Berner Oberländer Charles F. Mühlemann (1877–1955, Bild 66). Als Zitherlehrer gelangte er in jungen Jahren auf abenteuerlichen Wegen bis nach St. Petersburg. Um 1900 liess sich Mühlemann in Paris nieder, wo er den grössten Teil seines Lebens verbrachte. Jahrelang leitete er das «orchestre de citharistes»

(Bild 67) und war auch kompositorisch tätig. Hier ein paar Werktitel: Une nuit d'été sur le lac Tchirskoè (fantaisie russe: jeux des nymphes, la nuit s'étend sur l'onde mystérieuse, trois heures à log, chant des paysans qui s'approchent, idylle sur le lac, les paysans s'éloignent, les Adieux), Pensées d'Amour, Gai Paris, Coronation (fantaisie anglaise: l'orgue, l'entrée du cortège, fanfares, le sacre, la proclamation, midi à Westminster, Rule Britannia, God save the King), Fleurs d'Hiver (pour cithare et piano), Au Lac de Brienz (fantaisie alpestre: les vagues jouent au soleil, les troupeaux sur les pâturages verts, chant montagnard, les vêpres, le cor des alpes, le retour des troupeaux, la paix du soir)[32].

Der Zürcher Emil Holz (1898–1967) war als Virtuose und Komponist ein hervorragendes Multitalent und ist unbestritten der markanteste Vertreter neuzeitlicher Zithermusik in der Schweiz. Er war ein moderner Geist, durch und durch Musiker, hat alle Strömungen

Bild 67
Konzertprogramm, Paris, 1906.
Leitung: C. F. Mühlemann.

[32] Diese hier genannten Kompositionen sind vor 1910 entstanden.

Bild 68 (links)
Das Künstlerpaar Heinrich und Mizzi Wolf wirkte während mehr als 60 Jahren in Bern.

Bild 69
Konzertprogramm des Zither-Klubs Bern, 1938.

seiner Zeit aufmerksam verfolgt und als einer der Ersten den Wert der um 1930 eingeführten Quint- und Basszither erkannt und speziell für diese komponiert. Er schuf über 370 Werke in allen Satzformen, Besetzungen und Schwierigkeitsgraden, auch in Verbindung mit Streich-, Blas- und Zupfinstrumenten und war daneben ein vorbildlicher Bearbeiter alter, klassischer und volkstümlicher Musik. Viele seiner Werke sind in die Zitherliteratur eingegangen, u.a. seine Suite für Zitherquintett und Orgel, finden heute aber nur noch selten den Weg in den Konzertsaal. Sein Zither-Quartett vereinte hochkarätige MusikerInnen: Werner Rutschmann[33], Ida Furrer[34], Elsa Holz und Emil Holz.

Das Künstlerpaar Heinrich und Mizzi Wolf (Bild 68), zugezogen aus Österreich, verbrachte mehr als 60 Jahre in seiner Wahlheimat Bern und baute dort eine umfangreiche Konzert-, Unterrichts- und Vereinstätigkeit auf. Die beiden waren auch oft am Radio zu hören. Heinrich Wolf (1892–1984) leitete den Zither-Klub Bern (Bild 69), war Mitglied der Prüfungskommission des Verbandes Schweizerischer Zitherlehrer und komponierte zahlreiche Stücke volks- und salonmusikartigen Cha-

---

[33] Werner Rutschmann hat als Komponist der heiteren Muse etwa 50 rassige Märsche und elegante Tanzweisen hinterlassen.

[34] Ida Furrer (1886–1960) wird im «Handbuch der Zither» unter der Rubrik «Kunstzitherspiel» eingereiht (S. 20).

Bild 70
In der Volksmusik kam die Konzertzither eher in der tourismusorientierten Branche zum Zug.

rakters. Anspruchslose Stücke veröffentlichte er unter dem Pseudonym Ferdinand Schweizer, um sich als Künstler nicht dem Vorwurf auszusetzen, er schaffe wertlose Musik. Nebst der Konzertzither unterrichteten Heinrich und Mizzi Wolf auch Gitarre, Laute, Mandoline und Hawaiigitarre.

Margret Renner, die 1979 ihre letzte Schülerin wurde, erinnert sich: «Es ist schwierig zu beschreiben, was die 2-Zimmerwohnung des alten Künstlerpaares an der Schwarztorstrasse so unvergesslich machte. Hier war nichts: ein grosser Tisch, ein Wandschrank, ein selbstgezimmerter Schreibtisch, zwei Betten und eine simple Küche. Aber hier summte und wogte, sang und trillerte es wie ein Echo der Musik des vergangenen Jahrhunderts. Eine Traumwelt stieg auf, wenn sich die beiden Alten hinter ihre Zithern setzten. Ihr Zusammenspiel war schwerelos wie perlendes Wasser. Es war eine langsame Musik. Vor allem dieses ganz andere Tempo machte mir bewusst, welche Beschleunigung, welche Lärmsteigerung seit 1920 stattgefunden haben muss. Sehr wichtig war ihnen das Vibrato – das Ausschwingenlassen des Klangs. Wegen ihrer strahlenden Herzlichkeit waren sie bis zuletzt von einer anhänglichen Schülerschar umgeben.»

Der aus Dietikon stammende Kaufmann Ernst Koch (1874–1962) liess sich in den 40er Jahren in Marbach bei Altstätten (SG) nieder und entwickelte dort eine rege Kompositionstätigkeit für die Konzertzither, gelegentlich in Zusammenarbeit mit Blasmusik.

In Basel wirkte Fritz Seeger (1913–1997). Er gründete 1931 das international bekannt gewordene «Zitherquartett Basel» und setzte sich mit vielen Konzerten und Radioaufnahmen für die Verbreitung der Kompositionen von Emil Holz ein. In München und Basel leitete er 1988 seine letzten Konzerte. Zu seinem achtzigsten Geburtstag kamen das deutsche Zithertrio Popp/Lägel sowie der Zithersolist Klaus Waldburg nach Basel und ehrten seine langjährige Arbeit für die Konzertzither mit einem wunderschönen Konzert.

Bekannt geworden sind ferner Bernhard und Marty Bachmann in Schaffhausen. Erwähnt sei auch der Bündner Tumasch Rauch (1896–1979), der sich neben seinem harten Bergbauernleben der Konzertzither widmete, in Scuol einen Zitherverein gründete und eine Sammlung regionaler, althergebrachter Volksmusik anlegte, die heute im Archiv des «Museum Engiadinais» in Scuol für jedermann zugänglich ist. Zehn dieser Stücke sind auf der 1980 erschienenen, mittlerweile vergriffenen Langspielplatte «Alte Engadiner Tänze» zu hören, realisiert im Altendorfer Musik-Verlag «Activ-Records».

Gesamthaft gesehen etablierte sich die Konzertzither in der Schweiz hauptsächlich im Vereinsleben sowie mit einer zahlenmässig zwar kleinen, aber sehr engagierten Schar von Berufsmusikern[35], hervorragenden Künstlern, Komponisten und Pädagogen, die auch internationales Ansehen genossen. In der althergebrachten Volksmusik fand sie ausser im Bündnerland kaum Eingang. Allerdings muss dem Umstand Rechnung getragen werden, dass anfangs des 20. Jahrhunderts in der Schweiz eine latente Tirol-Begeisterung herrschte – in Bern formierte sich beispielsweise ein «Österreicher Schuhplattler-Verein» – und verschiedene Gruppen sowie pomadenschnauzige Schönwettersennen mit gehäkelten Strümpfen entsprechende Musik spielten, was sicher auch im Zusammenhang mit dem damaligen Tourismus steht (Bild 70).

Neuere Zeit – ab 1960

Mit dem Zerfall und der Auflösung der beiden Verbände erfolgte für die Konzertzither in der Schweiz ein Rückzug ins Provinzielle und Private, der sich bereits ab etwa 1960 abzuzeichnen begann. Als einzige Vereine erhielten sich Zürich und Luzern, sie sind noch heute aktiv. Natürlich gab es auch einzelne oder in kleinen Gruppen organisierte SpielerInnen, die das Instrument weiterhin pflegten[36], aber der Schwung früherer Jahre war erlahmt, die Konzertzither in der Öffentlichkeit nur noch selten zu hören.

In den ausgehenden 1980er Jahren ist ein neuer Aufschwung zu verzeichnen. Zwar ist er noch weit entfernt von den Verhältnissen in Deutschland und Österreich, wo mittlerweile an den Konservatorien in München, Linz, Innsbruck und Wien anerkannte Ausbildungsgänge für Berufsmusiker angeboten werden. Aber es werden wieder Kontakte über die Regionen hinaus geknüpft und mit entsprechenden Anlässen gefestigt. War früher Zürich treibend und federführend, so kommen heute die Impulse aus Luzern. Unter Beizug deutscher Fachkräfte organisiert der Zitherverein Luzern seit einigen Jahren Seminare zur Hebung der Spielqualität und ist Initiant und Herausgeber der 1989 ins Leben gerufenen «Schweizer Zitherpost». Diese Zeitschrift erscheint viermal jährlich, hat etwa 450 Abonnenten und bemüht sich mit einigem Erfolg, Plattform für

---

[35] Diese führten oft auch Zither-Fachgeschäfte und sorgten für den Import qualitativ wertvoller Instrumente.

[36] Zwei Beispiele: Venise Reinhard (1887–1987) leitete während mehr als 50 Jahren das Ensemble «Les Violettes» (Konzertzither, Mandoline, Gitarre) in La Chaux-de-Fonds. Josephine Felchlin war jahrelang als Zitherlehrerin tätig und leitete den Zitherverein Weggis.

Bild 71
Konrad Stocker (hinten) und Mitmusikerinnen an einer Stubete in Luzern, 1997.

Bild 72
Das Duo «Zitherfusion» kombiniert griffbrettlose Zithern mit der Konzertzither (links Lorenz Mühlemann, rechts Erna Maria Fries).

das Zitherwesen in der Schweiz zu sein; dabei ist nicht zu übersehen, dass das Hauptinteresse der Konzertzither gilt und sich die Abonnentenschaft auch zu über 80% aus diesen Kreisen rekrutiert, obwohl sie, gemessen an der Gesamtzahl praktizierender ZitherspielerInnen in der Schweiz keine 25% ausmachen. Hatte das erste Redaktionsteam gegenüber allem Nicht-Konzertzitherartigem noch eine eher zwiespältige und ablehnende Haltung, so ist das jetzige Team vorbildlich offen und sucht unvoreingenommen den Kontakt zur gesamten vielfältigen und vielschichtigen Zitherszene in der Schweiz, auf die Dauer fraglos der einzig richtige Weg. Dazu verpflichtet ja auch der selbstgewählte Titel. Grossen Verdienst an diesem neuen Aufbruch des Zithervereins Luzern trägt die über 80-jährige nimmermüde Frieda Bachmann, die es auch verstand, dem Verein junge NachwuchsspielerInnen zuzuführen; seit 1998 wirkt sie im Verein nicht mehr aktiv mit.

In Trossingen (Deutschland), etwa 100 km nördlich von Schaffhausen gelegen, besteht die nächste Möglichkeit zur Erlangung eines anerkannten Zitherlehrerdiploms, nämlich an der «Bundesakademie für musikalische Jugendbildung». 31 deutsche Trägervereine aus allen Musiksparten unterhalten diese

Bild 73
In den letzten Jahren erfreuen sich volksmusikalische Stubete unter Beteiligung verschiedener Formationen aus allen drei Zither-Hauptbereichen zunehmender Beliebtheit.

Akademie [37], welche sich breitangelegt betätigt: Tagungsort für leitende Mitarbeiter in Musikverbänden, Fortbildungszentrum für Musikschulleiter und -lehrer, Bildungsstätte für Führungskräfte in Musikvereinen und Chören, Fortbildungseinrichtung für Mitarbeiter in sozialpädagogischen Berufen, Kommunikationszentrum für internationale Begegnungen, Beratungsstelle in Fragen ausserschulischer Musikerziehung und des Laienmusizierens, Arbeitsstätte für bundeszentrale Jugendorchester.

Im Januar 1999 haben die beiden Schweizerinnen Erika Egli (Werthenstein) und Ursula Hangartner (Zug) den berufsbegleitenden B-Lehrgang für Zitherlehrer abgeschlossen. Diese Ausbildung hat 1981 auch der lange Zeit einzige brevetierte Zitherlehrer in der Schweiz absolviert, Konrad Stocker (Bild 71), geboren 1929 in Davos. In dieser Funktion war er jahrelang eine wichtige Persönlichkeit und gab sein Wissen und Können auf uneigennützige Weise weiter. Seine ausgedehnten Unterrichtstouren, die ihn in der halben Schweiz herumführten, musste er inzwischen altershalber aufgeben. Noch immer leitet er aber Spielgruppen und Seminare und macht sich als sorgfälti-

---

[37] Darunter auch der DZB (Deutscher Zithermusik-Bund).

Bild 74
Zitherverein Luzern, 1996.
Im Vordergrund ist übrigens eine Psalterzither gut erkennbar (vgl. S. 41).

ger Bearbeiter volksmusikalischer Stücke einen Namen. In Basel ist Henriette Meister aktiv. Sie war Mitglied des bereits erwähnten «Zither-Quartetts Basel», unterrichtet eine ansehnliche Schülerschar und organisiert seit 1991 jährliche Seminare in Riehen, unter der musikalischen Leitung von Willi Schäffler.

Erna Maria Fries (Port) ist als Interpretin von Volksliedern bekannt und begleitet sich selbst auf der Zither. Seit 1994 spielen wir als Duo «Zitherfusion» zusammen; der Name bezieht sich augenzwinkernd auf die nicht alltägliche Verbindung der Konzertzither mit meinem sich aus dem weiten Feld der griffbrettlosen Zithern rekrutierenden Instrumentarium (Bild 72). Ebenfalls in der Volksmusik tätig sind u. a. die Bündnerin Yvonne Bleiker, Leiterin der Saitenspielgruppe «La Soldanella» und Friedy Bissig-Feubli in Erstfeld.

Erwähnt sei auch Gottlieb Lindenmayer (Evilard), Goldschmied und passionierter Zitherspieler. Seine Spezialität sind selber entwickelte Rückschlagringe, jeder wird auf Mass seines Besitzers gefertigt; 80 Stück sind bereits in Gebrauch, zum Teil von prominenten SolistInnen, die von der praktischen Handhabung und den Klangeigenschaften begeistert sind.

Kenner der aktuellen schweizerischen Konzertzitherszene sind sich einig, dass eine deutsche oder österreichische Fachlehrkraft mit Konservatoriumsabschluss in der Schweiz ein motiviertes Umfeld vorfände und die ZitherspielerInnen nachhaltig fordern und fördern könnte.

Die griffbrettlosen Zithern

Griffbrettlose Zithern, ausnahmslos in serieller Massenproduktion hergestellt, waren im Zeitraum 1880 bis 1940 sehr populär. Die mit Abstand wichtigsten Herstellernationen waren Deutschland und die USA. Mit heute kaum vorstellbarem Erfolg wurden diese Instrumente weltweit vertrieben. «In allen Culturstaaten der Erde», triumphierte die deutsche Firma Menzenhauer um 1900. Sie ist als Akkordzitherhersteller wohlbekannt und hat, laut einem zeitgenössischen Prospekt (Bild 75), allein in den USA innerhalb zweier Jahre 500 000 Akkordzithern verkauft. «In almost every civilized country», sekundierten die Amerikaner nicht minder vollmundig. Die überwältigende Nachfrage regte eine eigentliche Konkurrenz unter den Herstellern an und brachte zahllose, heute kaum mehr bekannte Instrumentenerfindungen hervor. Hervorstechendes Merkmal ist ihr unerschöpflicher Ideenreichtum, der nichts unversucht liess, um mit teilweise abenteuerlichen Vorrichtungen immer wieder neue Klänge zu erzeugen, wuchernd auf dem ergiebigen Nährboden grenzenloser Phantasie.

Es ist ein wahrhaft buntes Zitherpanoptikum, ein grelles, permanent explodierendes Feuerwerk von unermüdlichem Tüftler- und Erfindergeist, Formen- und Verzierungslust, scharf kalkuliertem Profitwillen, bezüglich Qualität und Spieltauglichkeit zwischen knapp erträglich und nobelpreisverdächtig, immer mit einem Augenzwinkern im Knopfloch, vergnügt und humorig, erfolgshungrig und imperial,

Bild 75
Diese Akkordzither-Werbung um 1900 berichtet vom überwältigenden Erfolg der griffbrettlosen Zithern, welche sich innerhalb weniger Jahre als neue Volksinstrumente etablierten.

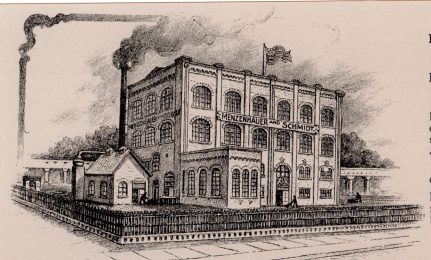

ein uferloser Dschungel, dessen Tiefe noch völlig unerforscht ist und die drolligsten Geschöpfe birgt. Es braucht eine gute Ausrüstung, jahrelange Vorbereitung und beste Geländekenntnisse, um ihnen zu begegnen ... und dann ist die Überraschung perfekt! Wer hat schon einmal eine Tanzzither gesehen? Oder eine Triolazither, Tremolazither, Marxophonezither, Mandoliazither, Arpanettazither, Chordephonzither, Pianochordiazither, Pianozither, Harpeleikzither, Glockenspielzither «Secession», Amerikanische Harfen-Zither «Aeol», Konzert-Violin-Zither «Kalliope», Fidola-Mandolinettezither, Geigen-Lautezither, deutsch-amerikanische Guitarrezither, amerikanisch-deutsche Guitarzither, Konzert-Chromatic-Mandolinen-Zither, Lyra-Adler-Riffo-Gong-Guitarr-Zither, Universal-Schlag-Streich-Guitarr-Duett-Zither, Salon-Gitarr-Harfen-Zither, Zeppelin-Mandolin-Zither, Thierfeld's Imperial-Accordzither, Universal-Tisch-Harfen-Zither, Patent-Universal-Welt-Zither?

Trotz der verwirrenden Instrumentenfülle gibt es verbindende Merkmale, welche gleichsam ihr Erfolgsrezept sind:

- Nachahmung herkömmlicher Instrumente, was gelegentlich schon der Name verrät (Guitarzither, Mandolinenzither, Harfenzither, Violinzither, Pianozither), dabei werden alle für Saiteninstrumente elementaren Klangerzeugungsarten wie zupfen, schlagen, streichen, anreissen in zahllosen Formen variiert.
- Verhältnismässig einfache, selber zu erlernende Spielweise (vgl. S. 89).
- Für Musik-Laien entwickelte Notationssysteme, welche das Spielen ohne Notenkenntnisse ermöglichen.
- Zwei getrennte Saitenbereiche, oft spielt die rechte Hand die Melodie, gleichzeitig sorgt die linke mit fest gestimmten Akkorden für die Begleitung.
- Billige Massenherstellung in Fabriken, kaschiert mit geschickten Oberflächenbehandlungen, reichend von schwarzen Glanzlacken bis zu Edelholzimitaten, geschmückt mit gediegenen Formen, Abziehbildern, gelegentlich mit gedrechselten Säulchen.
- Instrumentenbauerische Grundsätze und physikalische Aspekte treten zugunsten der äusseren Erscheinungsform in den Hintergrund.
- Es sind dankbare Hausmusikinstrumente.

Selten sind die griffbrettlosen Zithern – keine Regel ohne Ausnahme – mit Griffbrettern versehen. Diese dienen nie einer zentralen Funktion wie bei der Konzertzither, sondern erfüllen untergeordnete oder ergänzende Zwecke, als Stimmhilfe bei der Autoharp und Akkordzither, als zusätzliche Spielmöglichkeit bei den Duettzithern.

Forschungsstand

Die griffbrettlosen Zithern wurden von der Musikwissenschaft lange kaum zur Kenntnis genommen. Sporadische Angaben findet man nicht etwa in der Zitherliteratur, wie man das zunächst erwarten könnte, sondern hauptsächlich in Museumskatalogen, im Zusammenhang mit vereinzelt inventarisierten Instrumenten, die dort eher Kuriositätencharakter haben, aber immerhin punktuell beschrieben sind.

Die Gründe für die bislang weitgehende Absenz der griffbrettlosen Zithern in der Musikwissenschaft sind in

Die griffbrettlosen Zithern

der Zitherfachliteratur zu suchen. Die ersten Schriften über die Entwicklung der Zither fallen in das letzte Drittel des 19. Jahrhunderts und sind reine Selbstdarstellungen aus Konzertzitherkreisen. Den Autoren ging es darum, die Entwicklungsgeschichte vom Scheitholt über die Kratz- und Schlagzither bis zur Konzertzither darzustellen. Dabei befleissigten sie sich, das Instrument ihres Herzens, die Konzertzither, als abschliessende Krönung ganz besonders hervorzuheben. Eine Nachfolge war nicht vorgesehen ... diese kam jedoch, in Form der griffbrettlosen Zithern, sozusagen über Nacht ... Sie stiessen auf eine vehemente Ablehnung der Konzertzither-Protagonisten. Hans Kennedy (vgl. S. 47) veröffentlichte 1896 ein 200-seitiges Werk über die Geschichte der Zither, erwähnte die griffbrettlosen Zithern nur mit ein paar ironischen Sätzen und machte (s)eine unreflektierte Ablehnung literaturfähig. Viele Autoren folgten ihm und bedachten sie entweder mit knappen, wegwerfenden Bemerkungen oder erwähnten sie gar nicht. Jedenfalls blieb eine sachliche Auseinandersetzung mit der neuen Zitherentwicklung vollständig aus.

Dazu einige Zitate:

«Kombinationen wie Lyra-Zither oder Akkord-Zither, mit welchen Namen aller Kunst hohnsprechende Kindereien in den Handel gebracht werden, gereichen der Zither, dem edlen, Herz und Gemüt bewegenden, in der Vergangenheit des bayrischen Volkes wurzelnden Instrumente wahrlich nicht zum Vorteil.»

*Freiherr von Reigersberg, in:
Was muss jeder strebsame Zitherspieler wissen? München, 1908*

«Einen grossen Schaden machen uns die aller Kunst wirklich hohnsprechenden, durch verlockende Inserate oder Anpreisungen von Haus zu Haus empfohlenen sogenannten Akkordzithern (eigentlich nur Kinderspielzeuge), die man ohne Lehrer in wenigen Stunden erlernen kann.»

*Josef Hauser, in:
Das goldene Buch, ein praktischer und leichtverständlicher Ratgeber für Zitherspieler, München, 1921*

«Viele lassen sich irreführen durch die gänzlich wertlose sogenannte Akkordzither, auch Gitarren-Zither, Lyra-Zither oder ähnlich benannt, die meist mit einer Hebelvorrichtung gespielt wird, und nichts weiter vorstellt als ein kindisches Spielzeug.»

*Vorstand der deutschen Zither-Konzert-Gesellschaft, in:
Vom heutigen Stande der Zithermusik, Düsseldorf, 1926*

«Die Akkordzither ist ein besseres Kinderinstrument.»

*Dr. Josef Brandlmeier, in:
Handbuch der Zither, München, 1963*

Soweit die reale Ausbeute von rund 500 Seiten Fachliteratur über die Zither. Wir erfahren hier nichts Substantielles über die Akkordzither – dafür alles über das zitherale Weltbild der Autoren, welche offensichtlich nicht gewillt waren, die neuen Instrumente als Zithern zu akzeptieren und ihnen sogar als Instrumente an sich jede Daseinsberechtigung absprachen. Eine arrogante Haltung, die in krassem Wider-

Bild 76 (rechte Seite)
Die Konzertzither bewährt sich in einem weiten Feld von Volks- bis Kunstmusik, wie es dieses romantische Titelblatt einer Notensammlung schon um 1875 treffend veranschaulichte.

spruch zur sonstigen Prägnanz der zitierten Werke steht, aber auch handfeste Hintergründe hat, beispielsweise eine schlecht verdeckte Angst um Handelseinbrüche im eigenen Lager.

Diese Haltung hat bis heute überlebt. 1994 hat Josef Dentinger über meine 1993 erschienene Publikation «Die grosse Familie der Zithern – ein dokumentarisches Bilderbuch», deren Hauptteil sich mit den griffbrettlosen Zithern auseinandersetzt, im «Saitenspiel» geschrieben und behauptet [38]: «... 80 % des Inhaltes beschäftigen sich mit der Darstellung und der Beschreibung der Akkordzither schlechthin in allen Variationen; vergleichbar dem Kitsch eines Souvenirladens, den man zum Kulturgut erhebt ... Denn die Akkordzither ist im Sinne des DZB [39] kein Instrument, vielmehr ein Spielzeug, da man Notenblätter unterlegen muss ...» Zwischen dem Zitat von Reigersberg und dem von Dentinger liegen ziemlich genau hundert Jahre. Der Wortlaut hat sich nicht verändert, die Realität hingegen vollständig [40]. Was man einem Hans Kennedy noch nachsehen kann (als eingefleischter Konzertzither-Fachmann karikierte er im Jahre 1896 eine vermeintliche Modeströmung, wofür er sich nicht im Geringsten interessierte), wirkt hundert Jahre später, nachdem sich die griffbrettlosen Zithern längst etabliert und millionenfach bewährt haben, ganz einfach peinlich. Jede Zitherart hat nach Herkunft und Anwendungsbereich ihren ganz besonderen Eigenwert und muss in ihrem spezifischen Umfeld hinterfragt, verstanden und gewürdigt werden. Werden Massstäbe und Ansprüche der Konzertzither-Protagonisten klassischer Richtung auf die griffbrettlosen Zithern übertragen, führt das unweigerlich in eine Sackgasse, wie dies die genannten Zitate überdeutlich zeigen. Die Konzertzither bewährt sich in einem weiten Feld von Volks- bis Kunstmusik (Bild 76). Den griffbrettlosen Zithern kommt das Verdienst zu, hunderttausenden von Menschen den Weg zum eigenen Musizieren gewiesen zu haben, denen er sonst verwehrt geblieben wäre (Bild 77). Ohne Zweifel wird die in Bezug auf die griffbrettlosen Zithern bis anhin extrem befangene und einseitig aus dem Blickwinkel der Konzertzither motivierte Forschung ihre Position öffnen und neu überdenken müssen.

Zusammenfassend wird festgehalten, dass mit der Konzertzither nicht ein Endpunkt, sondern allenfalls ein Höhepunkt in der chronologischen Entwicklung der Zither erreicht worden ist, welche übrigens auch mit dem Auftreten der griffbrettlosen Zithern nicht abgeschlossen ist: Als Reaktion auf ihre erfolgreiche Verbreitung entwickelte der deutsche Instrumentenbauer Georg Stössel (1867–1943) ein Instrument, das die Vorzüge der Konzertzither und der griffbrettlosen Zithern geschickt vereint und in den 1920er und 30er Jahren als sogenannte Stössellaute eine beachtliche Verbreitung gefunden

---

[38] Saitenspiel, 5/1994, S. 214.

[39] DZB ist das Kürzel für «Deutscher Zithermusik-Bund», eine Konzertzithervereinigung, das «Saitenspiel» dessen Mitteilungsorgan.

[40] Der Vollständigkeit halber sei ergänzt: Michael Brandlmeier, Schriftleiter des Saitenspiels, verhinderte die Veröffentlichung meiner Stellungnahme, damit auch die Chance einer sachlichen Diskussion.

hat. Gegenseitige Wechselwirkungen und Ideenausleihen zwischen der Konzertzither und den griffbrettlosen Zithern sind in den zwei Dekaden vor dem Ersten Weltkrieg allen Unkenrufen zum Trotz erstaunlich dicht; bisher nicht beachtet, könnte dies Thema einer speziellen Untersuchung sein.

Die Entwicklung in Deutschland und in den USA

Erfindung, Patentierung, Verbreitung und Erfolg der unterschiedlichen Grundtypen und ihrer unzähligen Varianten vollzogen sich innerhalb weniger Jahre. Folgende Faktoren begünstigten dies:

- Allgemeine kleinbürgerliche Demokratisierungsbestrebungen des Musiklebens im ausgehenden 19. Jahrhundert, wo vielenorts die Forderung nach einfachen, wenn möglich auch ohne Notenkenntnisse zu erlernenden, vielfältig nutzbaren Volksmusikinstrumenten erhoben wurde (die erste so eingeführte Zither, die Autoharp, wurde in den Anfängen gelegentlich als «Volkszither» angesprochen).
- Mit der Instandsetzung des Deutschen Reiches, 1871, fielen alte

Bild 77 (linke Seite)
Die Kulturleistung der griffbrettlosen Zithern:
Dank ihrer verhältnismässig einfachen Spielweise haben sie hunderttausenden von Menschen den Zugang zum eigenen Musizieren ermöglicht, denen er sonst verwehrt geblieben wäre.

Bild 78
Dieses Titelblatt einer Akkordzitherschule um 1900 veranschaulicht den überwältigenden weltumspannenden Erfolg der innerhalb weniger Jahre etablierten griffbrettlosen Zithern.

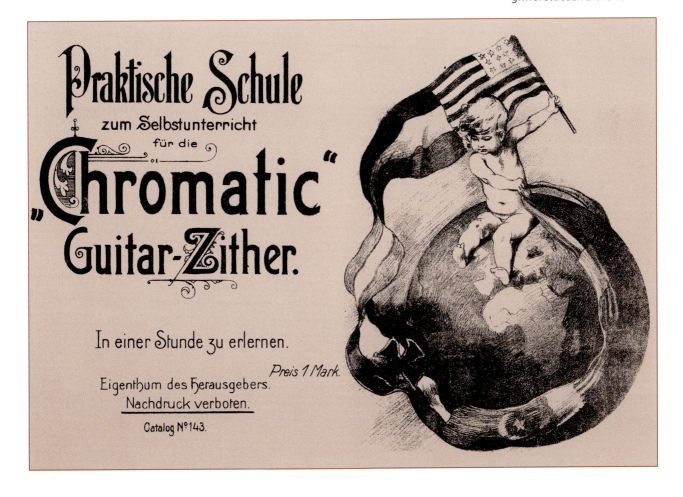

LESEN SIE

wenn Sie sich vor Schaden bewahren wollen!

Umherziehende Reisende, welche sich als unsere Vertreter ausgeben, sowie auch unreelle Musikinstrumentenhändler verkaufen unter allen erdenklichen, falschen Vorspiegelungen minderwertige Guitarzithern, welche keine Stimmung halten, als **echte Menzenhauer Guitarzithern.**

Wir machen das werte kauflustige Publikum **besonders** darauf aufmerksam, **dass wir keine Reisenden** haben; ferner dass die

„Echte Menzenhauer Guitarzither"

die oben abgebildete Schutzmarke und auf der Decke sowie im Schalloch **den Namen Menzenhauer** trägt.

In Ihrem eigenen Interesse bitten wir Sie, derartige Schwindler sofort der Staatsanwaltschaft zu übergeben.

BERLIN, den 1. Januar 1905.

Menzenhauer & Schmidt
Inh. Henry Langfelder.

Fabrik: **Rungestr. 17.**   Detailgeschäft: **Spittelmarkt 15.**

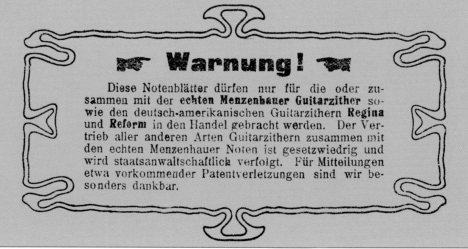

Warnung!

Diese Notenblätter dürfen nur für die oder zusammen mit der **echten Menzenhauer Guitarzither** sowie den deutsch-amerikanischen Guitarzithern **Regina** und **Reform** in den Handel gebracht werden. Der Vertrieb aller anderen Arten Guitarzithern zusammen mit den echten Menzenhauer Noten ist gesetzwidrig und wird staatsanwaltschaftlich verfolgt. Für Mitteilungen etwa vorkommender Patentverletzungen sind wir besonders dankbar.

Die griffbrettlosen Zithern

Inlandzölle und weitere Schranken, wurde der Handel liberaler und konnte sich eines bereits recht gut ausgebauten Eisenbahnnetzes bedienen.
- Reparationskosten in Milliardenhöhe, welche Frankreich nach dem verlorenen Krieg 1870/71 an Deutschland zu bezahlen hatte, lösten einen Wirtschaftsboom aus, wovon auch die Musikinstrumentenindustrie profitierte. Zahlreiche Firmengründungen folgten.
- Neue, billige und leistungsfähige Produktionsmethoden wurden eingeführt, es kam zur Massenproduktion.

Die Pionierphase der griffbrettlosen Zithern ist von sehr vitalem Unternehmertum gekennzeichnet. In rascher Folge kamen zahllose patentamtlich geschützte Neuheiten auf den Markt, die von der Konkurrenz nach Abänderung unwesentlicher Details sofort kopiert wurden (Bild 79). D.R.P.- oder D.R.G.M.-Nummern [41] bürgen also nicht unbedingt für Erfindung und Erstmaligkeit, sondern haben auch den Charakter bestmöglichen Schutzes vor Nachahmung [42]. Die eifrigen Kopisten beanspruchten natürlich dasselbe und sahen sich binnen kurzem genötigt, ihre Kopien vor Kopien zu schützen. Das gleiche gilt für die Entwicklung in den USA. Weiter muss dem Umstand Rechnung getragen werden, dass Deutschland und die USA bis zum Ausbruch des Ersten Weltkrieges rege Handelsbeziehungen hatten, mit der Folge, dass Patente und Varianten sogar beidseits des Atlantiks praktisch gleichzeitig auftauchten. Es gab Firmen, die sowohl in Amerika als auch in Deutschland tätig waren, erwähnt seien die «Aeolian Company», mit Niederlassungen in New York und Berlin, die «Anglo-American Zither Company», mit Hauptsitzen in New York, London und Melbourne im fernen Australien sowie die deutsche Firma «Menzenhauer», welche ihre Instrumente zunächst in Berlin fabrizierte, ab 1900 die Produktion zunehmend nach Jersey City (New Jersey, USA) verlagerte und ab 1901 als «United States Guitar Zither Co. Friedrich Menzenhauer & Co.» oder «Menzenhauer & Schmidt» firmierte.

Nach dem Ersten Weltkrieg gingen die beiden Nationen getrennte Wege. Die USA konzentrierten sich mehr und mehr auf die Verbreitung der Autoharp, während in Europa das Interesse an diesem Instrument schon kurz nach 1900 abgenommen hatte und aus dem Angebot einiger grosser Hersteller sogar gänzlich verschwand. Fortan behauptete die Akkordzither den ersten Platz. Die Zwischenkriegszeit brachte, angesichts der wirtschaftlichen Lage nicht selbstverständlich, viele Neuheiten und eine weitere Erfolgswelle der griffbrettlosen Zithern, die mit dem Zweiten Weltkrieg ein jähes Ende nahm. Heute werden nur noch die Akkordzither und Autoharp in nennenswerter Zahl vertrieben.

Bild 79 (linke Seite)
Die Firma «Menzenhauer» sah sich bald genötigt, ihre Akkordzithern vor minderwertigen Nachahmungen zu schützen.

---

[41] D.R.P. = Deutsches Reichs-Patent / D.R.G.M. = Deutscher Reichs-Gebrauchs-Musterschutz.
[42] Dieses Phänomen ist auch bei der Konzertzither zu beobachten, im Zeitraum 1870 bis 1910, allerdings in geringerem Ausmass.

Die griffbrettlosen Zithern

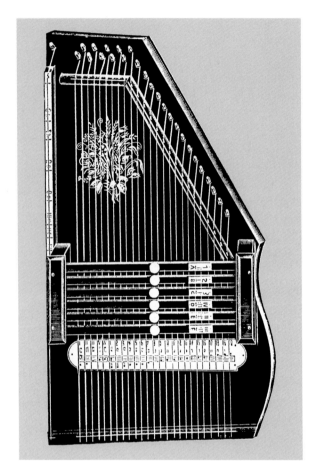

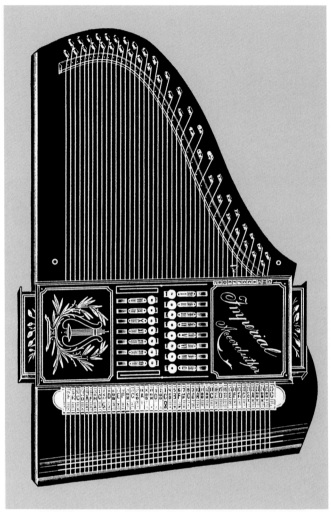

Bild 80
Autoharp, 6-akkordiges Standardmodell.

Bild 81 (Bild rechts)
Autoharp, Luxusausführung «Imperial», die 15-manualige Basis ist auf der Spanne einer Oktave ab allen Halbtönen abrufbar, das ergibt 180 Akkorde.

Systematik

Die hier vorgeschlagene Systematik basiert auf pragmatischen Überlegungen und ordnet die unendliche Instrumentenvielfalt der griffbrettlosen Zithern in diese Gruppen:

- Autoharp
- Akkordzither
- Violinzither
- Zither mit Mechanik
- Duettzither
- Kinderzither
- Zitherapparat

Im Folgenden werden sie kurz charakterisiert.

Im Jahre 1882 liess Charles F. Zimmermann (1817–1898) sowohl die von ihm erfundene Autoharp als auch ein dazu passendes vereinfachtes Musiknotationssystem in den USA patentieren. Seiner während Jahren entwickelten und gut durchdachten Erfindung war ein grosser Erfolg beschieden. Vom ersten Modell, es war nur dreiakkordig, wurden innerhalb dreier Jahre 50 000 Stück verkauft. Bereits 1884 erschien mit dem D.R.P. No. 29'930 eine deutsche Variante, eingereicht von Hermann Lindenmann (Klingenthal) und Karl August Gütter (Markneukirchen). Die Funktionsweise der Autoharp ist genial einfach: Die über die gesamte Besaitung verlaufenden Manuale sind

Bild 82
Diese deutsche Autoharpschule – in den Anfängen wurde die Autoharp in Europa als Accord-Zither angesprochen –, erschienen um 1895, illustriert den amerikanischen Ursprung und die Internationalität des Instrumentes.

auf ihrer Unterseite teilweise mit Filzpölsterchen versehen, welche, auf die Saiten gepresst, die harmoniefremden Töne eines Akkordes abdämpfen. Bei den Standardmodellen entspricht die Anzahl Manuale den erzeugbaren Akkorden. Bald kamen auch Instrumente mit optimierten Mechaniken auf den Markt, worauf sich bei den umfangreichsten bis 180 Akkorde spielen liessen, eine 15-manualige Basis von sämtlichen Dur-, Moll-, Septimen- und verminderten Septimenakkorden, abrufbar auf allen Halbtönen einer Oktave. Diese Entwicklung war schon um 1895 abgeschlossen, die Autoharp (Bilder 80 und 81), hergestellt in vielen Fabriken und unzähligen Varianten, beidseits des Atlantiks um 1910 millionenfach verkauft. In Europa diente das Instrument zur Liedbegleitung und zum harfenartigen Spielen von Salonstücken, in den USA wurde es mit einem eigens dafür ausgeklügelten Fingerpickingsystem in der Country- und Westernmusic integriert. Vieles deutet darauf hin, dass es sich bei der Autoharp um die erste so eingeführte Zither handelt, unmittelbar gefolgt von der Akkordzither. In den Anfängen wurde die Autoharp im deutschen Sprachraum als «Accord-Zither» bezeichnet. Hingewiesen sei auf die köstliche Titelseite einer alten Autoharpschule (Bild 82), welche einer geradezu rührend romantischen Vorstellung der Bewohner fremder Erdtei-

Die griffbrettlosen Zithern

10 Notenblätter, Stimmschlüssel, Schule und Zitherring geben wir jeder Kofferzither gratis bei.

Letzte Neuheit!   Letzte Neuheit!
Koffer-Gitarr-Zither
mit doppeltem Resonanzboden

Diese Gitarrzither stellt eine recht sinnreiche Konstruktion dar. Instrument und Koffer sind vereint und kann die Zither sofort nach dem Aufklappen gespielt werden. Die 4 Holzstäbchen lege man jeweils oben und unten unter die Zither und erhält man dadurch eine Doppelresonanz-Zither. — Die Koffer-Gitarrzither wird wie jede andere Gitarrzither nach unterlegbaren Noten gespielt und kann jeder Unmusikalische bestimmt innerhalb einer Stunde musizieren.

Nr. 7 Koffer-Gitarrzither, mit 5 Akkordgruppen zu je 7 Saiten, verstärkte Akkorde, Melodiesaiten doppelt, Größe geschlossen 52 × 23 cm, geöffnet 52 × 46 cm, Koffer außen mit wasserdichtem Ueberzug. Zither Jakaranda poliert und mit feinem Abzug, 67 Saiten, 10 Unterlegnoten, sehr gern gekauftes Modell   M. 20.—

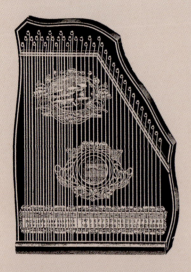  

le huldigt – Karl May lässt grüssen ... Nach meiner Meinung wird damit aber auch ein durchaus ernst zu nehmender soziokultureller Aspekt veranschaulicht: Alle diese Menschen unterschiedlichster Herkunft sind friedlich beisammen, verbindendes Element ist die Zither.

Die Saiten der Akkordzither sind in zwei Bereiche unterteilt, rechts die Melodie- und links die Begleitsaiten. Hergestellt wurden 2- bis 12-akkordige Instrumente. Die kleinsten Modelle haben einen diatonischen Melodieteil von nur anderthalb Oktaven Umfang und eignen sich ausgezeichnet, um Kinder in das Spielen einzuführen. Dies ist umso dankbarer, als alle grösseren Modelle im Prinzip gleich zu spielen sind, eine didaktisch kluge Einrichtung. Bei den 5-akkordigen Modellen fehlen im 2-oktavigen Melodieteil die Halbtöne dis und ais in der chromatischen Folge. Die 6- bis 12-akkordigen Instrumente sind immer chromatisch eingerichtet, normalerweise im Umfang von zwei Oktaven, c' bis c''', seltener zweieinhalb bis drei Oktaven; infolgedessen können dafür dieselben Unterlageblätter verwendet werden. Die Akkordzither (Bild 83) war die mit Abstand populärste griffbrettlose Zither – und ist es bis auf den heutigen Tag geblieben –, namentlich die 6-akkordigen Modelle, ausgerüstet mit den Akkorden C-, G-, F-, D-, A- und E-Dur[43]. Vor dem Ersten Weltkrieg wurde die Akkordzither hauptsächlich als «Guitarrezither» angesprochen. Weil sich die konkurrierenden Firmen gegenseitig voneinander abgrenzen wollten, wurden viele Reklamenamen eingeführt: Konzert-Harfen-Guitarr-Zither, Mandoline-Guitarr-Zither, Internationale-Chromatic-Mandoline, Konzert-Mandolin-Harfe, Zeppelin-Guitarr-Zither, Salonzither, Salon-Harfen-Zither usw. Das Attribut «Harfen» steht oft für einen Säulenschmuck, «Mandolin» für doppelchörige Melodiesaiten und «Konzert» oder «Salon» für besonders auf-

---

[43] Die meisten Violinzithern, Duettzithern und Zithern mit Mechanik folgen der Grundidee der Akkordzither und können als Abwandlungen derselben betrachtet werden.

Bild 83 (linke Seite)
Die Akkordzither, die mit Abstand populärste griffbrettlose Zither, wurde in zahllosen Varianten und Formen hergestellt.

Bild 84
Kreuzbesaitete Akkordzither.

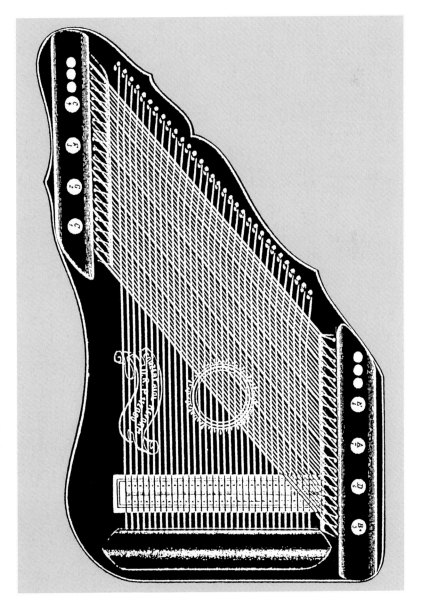

Die griffbrettlosen Zithern

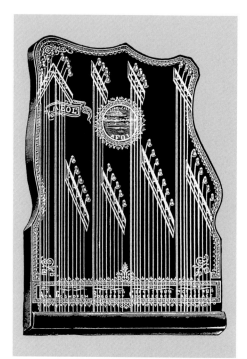

Bild 85
Amerikanische Harfenzither.

Bild 86
Die Harpeleikzither ist ein reines Begleitinstrument. Bei diesem zehnakkordigen Modell können die Akkorde mittels der kleinen Hebel, unten, während des Spielens beliebig von Dur nach Moll umgestimmt werden.

wendige Ausstaffierung. Eine Klingenthaler Firma[44] bot die Akkordzither in 27 Varianten unter ebenso vielen Reklamenamen an.

Nebst vielem Gleichem tauchten sinnreiche Weiterentwicklungen auf, wie kreuzbesaitete Akkordzithern, welche in Anlehnung an die kreuzweise Besaitung des Klaviers auch Klavierzithern genannt wurden. Diese Instrumente zeichnen sich durch besondere Klangstärke aus, sind kleiner und leichter als herkömmliche Akkordzithern, verfügen oft über einen mehr als zweioktavigen Melodieteil und kommen zudem einer anatomisch günstigen Handhaltung des Spielers entgegen. Leider wurde dem Problem des sich auf wenige Extrempunkte konzentrierenden Saitenzuges von den Produzenten meistens zu wenig Beachtung geschenkt, weshalb die Lebensdauer dieser Instrumente zuweilen kurz bemessen war ... Bei diesem mit der D.R.P. Nummer 112'000[45] gekennzeichneten Instrument (Bild 84) sind sogar die Akkorde in sich gekreuzt, so konnten auf dem Raum von vier Akkorden deren acht untergebracht werden: Streicht der Spieler über den ersten Akkord, beim Steg, der parellel zur tiefsten Melodiesaite verläuft, erklingt eine andere Harmonie, als wenn er dasselbe beim Steg parallel zur höchsten Melodiesaite macht. Mit der traditionellen Besaitung wäre diese Zither annähernd doppelt so breit und schwer.

Auf der amerikanischen Harfenzither (Bild 85) kann selbst mit einhändigem Spiel harfenähnliche Mehrstim-

---

[44] Allein im Klingenthal sollen vor dem Ersten Weltkrieg acht Zithern herstellende Fabriken entstanden sein.

[45] Das D.R.P. No. 112'000 wurde am 30. Juni 1899 auf den Namen Louis Melcher in Berlin ausgestellt.

Die griffbrettlosen Zithern

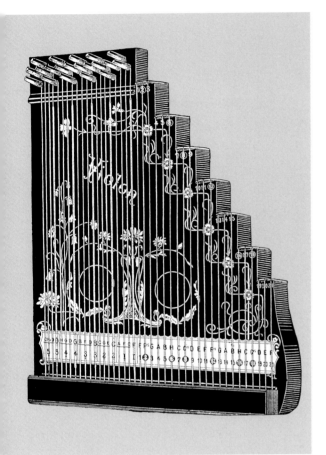 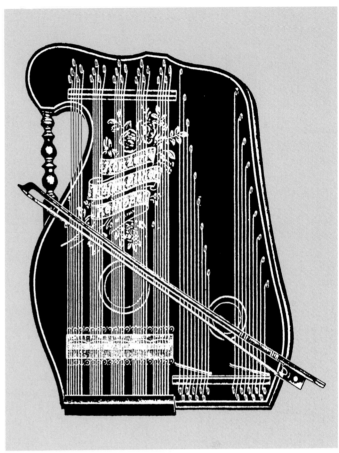

migkeit erzeugt werden, wofür sie an der Weltausstellung in Paris im Jahre 1900 mit einer silbernen Medaille ausgezeichnet wurde; die Harpeleikzither (Bild 86) dient reinen Begleitzwecken. Beide Instrumente können als Sonderformen der Akkordzither bezeichnet werden.

Einer der frühesten Hinweise auf die Violinzither findet sich in der deutschen «Zeitschrift für Instrumentenbau» des Jahres 1899 und bezeichnet eine Zither – sie trug den Namen Violon-Zither –, deren Melodieteil mit einem Bogen gestrichen wird, während die linke Hand analog zur Akkordzither die Akkorde spielt. Auffällig ist ihr treppenförmiger, einteiliger, gestufter Streichteil entlang der Zarge (Bild 87). Der eher unpraktischen Spielweise wegen wurde sie nur während wenigen Jahren produziert. Als Standardmodelle etablierten sich bald 5- und 6-akkordige Violinzithern, diese wurden ab etwa 1905 bis 1965 hergestellt. Die Melodiesaiten sind in zwei vertikalen Reihen angeordnet. Für das Spielen der inneren Reihe wird der Bogen waagrecht über die Saiten geführt, für die äussere leicht aufwärts angewinkelt. Bei den kleineren Modellen, sie sind auf der linken Seite oft mit einem Harfenkopf und einer gedrechselten Säule versehen (Bild 88), ist die Stimmung diatonisch, im Umfang von c' bis f''', die Tonleiter ergibt sich aufsteigend immer

Bild 87 (links)
Die um 1900 eingeführte Violon-Zither wurde der eher schwerfälligen Spielweise wegen nur während wenigen Jahren produziert.

Bild 88
Die diatonische Violinzither wurde ab etwa 1905 bis 1965 hergestellt.

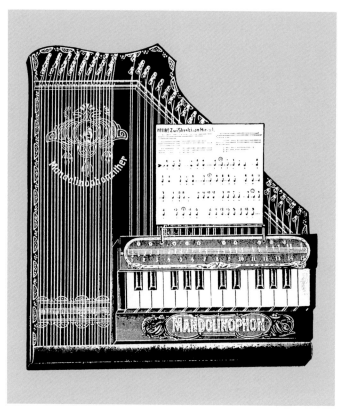 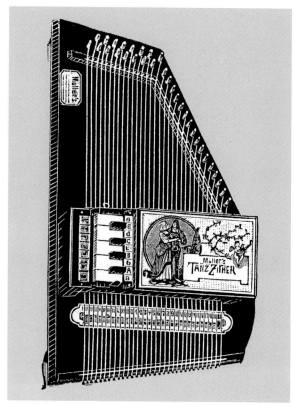

Bild 89
Bei der Mandolinophonzither wirkt die Mechanik nur auf die Melodiesaiten.

Bild 90 (rechts)
Bei der Tanzzither wird die Melodie gezupft, die Mechanik wirkt auf die Akkorde.

Bild 91 (rechte Seite links)
Bei der Pianochordiazither wirkt die Mechanik auf die gesamte Besaitung.

Bild 92 (rechte Seite rechts)
Diese Duettzither kann als Akkord- und/oder Violinzither gespielt werden, unterlegbare Notenblätter existierten für beide Spielarten (gleiches Instrument in Aktion, Bild 93).

Bild 93 (rechte Seite unten)
Duettzither-Werbung um 1930, aus dem Katalog der von Josef Fischer im Jahre 1871 in Brunndöbra bei Klingenthal gegründeten Musikinstrumentenfabrik gleichen Namens.

von der einen zur andern Seite wechselnd, die grösseren Modelle, hier wird eine annähernd rechteckige Form bevorzugt, enthalten zusätzlich die Halbtöne fis, cis und gis. Unter Berücksichtigung ihrer massiven Bauweise überrascht die Violinzither oft mit erstaunlicher Tonfülle. Auch ist das Miteinander von gestrichener Melodie und gezupfter Begleitung besonders reizvoll, zumal sich der Streichklang mit etwas Übung wesentlich nachhaltiger gestalten lässt als der Zupfklang der Akkordzither.

Auch bei den Zithern mit Mechanik (Bilder 89 bis 91) kommt grundsätzlich das Prinzip der Akkordzither zur Anwendung: Melodie- und Begleitsaiten sind getrennt, der rechten Hand fällt das Spielen der Melodie zu, der linken das der Akkorde. Mit den aufgebauten Mechaniken (sie wirken, je nach Modell, auf die Melodie- oder Begleitsaiten oder auf die gesamte Besaitung) werden zwei Zwecke verfolgt: das Erzeugen neuer Klänge und eine weitere Vereinfachung des Spielens. Gerade beim Interpretieren schneller Stücke mit grossen Intervallsprüngen sind der Akkordzither gewisse Grenzen gesetzt, die von Zithern mit Mechanik im eigentlichen Wortsinne spielend bewältigt werden können. Zu nennen sind hier unter anderen die Tanzzither, Tremoloazither, Mandolinettezither, Mandoliazither, Pianozither, Pianochordiazither, Pianophonzither, Pianomandolinzither, Mandolinophonzither, Marxophonzither.

Als Duettzithern werden Instrumente bezeichnet, auf denen zwei Leute gleichzeitig spielen können (Bilder 92 bis 94). Das schliesst nicht aus, dass sie sich auch zum Solospiel eignen, wobei je nach Charakter des Stückes die eine oder andere Spielart bevorzugt oder sogar innerhalb des Stückes abgewechselt wird. Zu dieser Gruppe gehören beispielsweise die Violin-Gitarre-Duett-Zither, Fidola-Mandolinettezither, Streich-Guitarr-Duett-Zither, Schlag-Guitarr-Duett-Zither, Patent-Universal-Welt-Zither.

Kinderzithern (Bild 95) waren in der Minderzahl reine Spielzeuge, in der Mehrzahl feine Instrumentchen, die

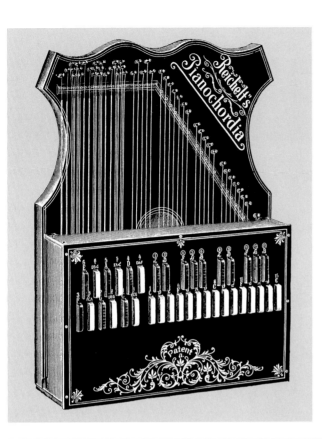
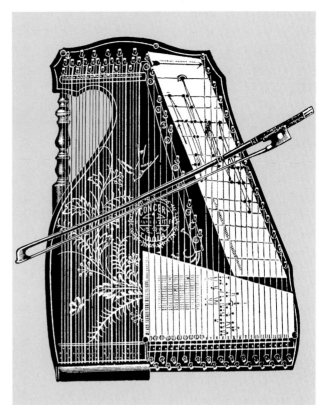

Aufsehen erregende Neuheit!
Größte Sensation der Gegenwart!

„Fidola" die gesetzlich geschützte zum D.R.Pat. angemeldete **Konzert-Violin-Duett-Zither** das vollkommenste Instrument der Gegenwart. Hervorragende Klangfülle

Abbildung 1

„Fidola" ist nach unterlegbaren Notenblättern von jedermann sofort ein- und zweistimmig spielbar

„Fidola" vereinigt in sich eine ganze Reihe hervorragender Eigenschaften, von denen nur einige hier erwähnt seien:
„Fidola" ist ein Instrument, welches sowohl von einer als auch von zwei Personen sofort gespielt werden kann!
„Fidola" erzeugt eine Klangwirkung, wie solche von keinem anderen Instrument hervorgebracht wird!
„Fidola" kann ohne Notenkenntnis von jung und alt sofort gespielt werden!
„Fidola" ist aus bestem Resonanzholz hergestellt und peinlich sauber und äußerst solid gearbeitet!
„Fidola" ist im wahrsten Sinne des Wortes ein Instrument fürs Haus!

„Musik ins Haus!"

Ein Wort, das in der heutigen Zeit mehr denn je Beachtung finden sollte. In jeder Familie müßte musiziert werden. Musik erfreut die Herzen aller Menschen.

Es kaufe sich daher jedermann eine Konzert-Violin-Duett-Zither „FIDOLA"!

Die griffbrettlosen Zithern

Bild 94
Schlag-Guitarr-Duett-Zither
(Spielweise vgl. S. 121).

Bild 95
Kinderzithern.

Bild 96 (rechte Seite)
Die Chordephonzither ist ein
selbstspielender Automat.

sich in jeder Hinsicht an ihren Vorbildern, den griffbrettlosen Zithern, orientierten, mit dem Ziel, künftige Kundschaft zu ködern. Natürlich konnten sie zumeist auch mit unterlegbaren Notenblättern gespielt werden.

Zitherapparate sind im Prinzip selbstspielende Automaten mit einem zitherartigen Unterbau (Bild 96), anzusiedeln in nächster Nähe der um 1900 beliebten Spieldosen und Musikautomaten. Die mitunter sehr aufwendigen Verfahren zur Klangerzeugung basieren auf Lochplatten oder -bändern.

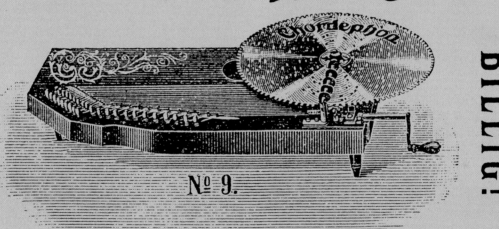

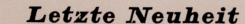

Bild 97
Diese Werbung für die Glockenspielzither «Secession» erschien 1901 in der deutschen «Zeitschrift für Instrumentenbau».

Dazu gehören die Triolazither, Arpanettazither und Chordephonzither.

Natürlich erblickten auch schrulligste Kuriositäten das Licht der Welt, wie die um 1901 eingeführte Glockenspielzither «Secession» (Bild 97), eine verblüffende Abweichung von der Norm der Zither als Saiteninstrument – die Melodie wird mit einem Hämmerchen auf Klangplatten gespielt –, in Bezug auf die Namengebung das gediegenste Konstrukt eines linguistisch aussergewöhnlich begnadeten Fabrikanten ...

Die griffbrettlosen Zithern

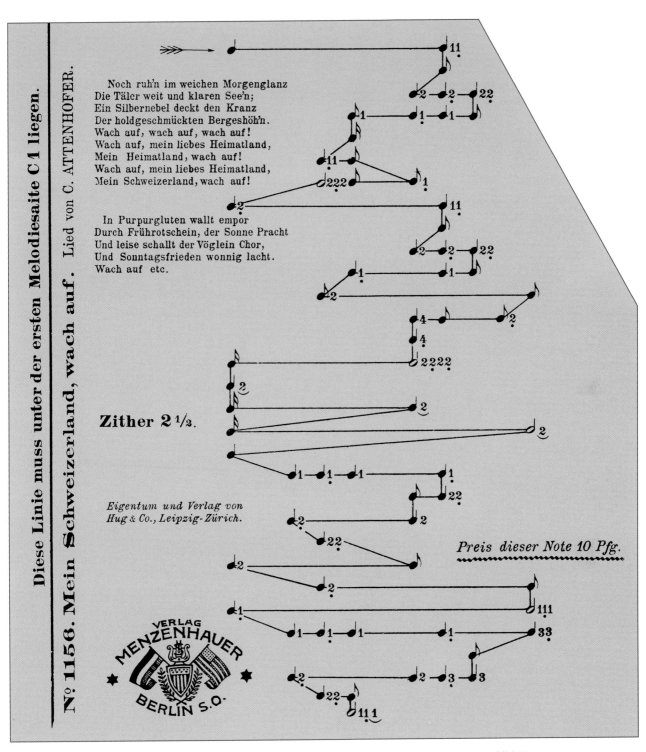

Bild 98
Unterlegbares Notenblatt
für die Akkordzither.

Das Spielen der Akkordzither

Stellvertretend für die meisten griffbrettlosen Zithern, welche in der Regel die gleichen Systeme in jeweils angepasster Darstellung anwenden, werden hier die beiden gebräuchlichsten Notationsarten der Musik erklärt. Es sind dies:
1. unterlegbare Notenblätter
2. Nummernsystem

Die griffbrettlosen Zithern

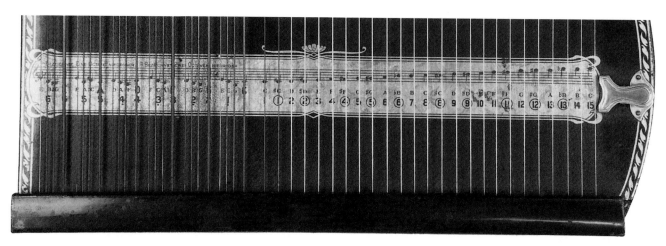

Bild 99
Oft ist auf der Akkordzither die Stimmung aller Saiten angegeben.

Bild 100
Aus einer Melodiensammlung für die Akkordzither.

A = Zahlenfolge für die Melodie
B = Notenschrift
C = Zahlenfolge für die Akkordbegleitung.

1. Zum Spielen wird das Notenblatt (Bild 98) unter die Melodiesaiten geschoben. Die Zickzacklinie zeigt den Verlauf der Melodie und wird mit dem Daumen der rechten Hand gezupft. Dazu findet ein Zitherring oder ein Plektrum Verwendung. Die überall verstreuten Zahlen korrespondieren mit den von rechts nach links fortlaufend nummerierten Akkorden, sie werden mit dem Daumen der linken Hand gespielt. Steht eine 3, so dient der dritte Akkord zur Begleitung, eine 1 bedeutet den ersten Akkord usw. Dabei gilt es, drei Signaturen zu beachten:

- Zahl ohne Zeichen   1
  nur Basssaite
- Zahl mit Punkt   1̣
  Akkord ohne Basssaite
- Zahl mit Bogen   1̲
  voller Akkord mit Basssaite

Im Normalfall gibt die Begleitung das Metrum an. Ein gerader Takt ist demnach so notiert 1̲ 1̣ 1̲ 1̣ und ein ungerader so 1̲ 1̣ 1̣ 1̲ 1̣ 1̣.

2. Oft befindet sich unten auf der Schalldecke ein Streifen (Bild 99), der die Stimmung der gesamten Besaitung nennt. Links ist die Nummerierung der Akkorde inklusive der erklärten Signaturen ersichtlich, rechts sind die Melodiesaiten bezeichnet, ebenfalls nummeriert. Somit lässt sich eine Melodie

Die griffbrettlosen Zithern

Bild 101
Für ein flüssiges Spiel und eine gut klingende Akkordzither sind zwei Dinge von grundsätzlicher Wichtigkeit: die Handhaltung sowie die Beschaffenheit der beiden Ringe.

auch als blosse Zahlenfolge aufschreiben, allerdings ohne ihren Rhythmus. In Ergänzung mit der normalen Notenschrift fand diese Schreibweise in Notenheften Anwendung (Bild 100). Die Notenhefte wurden mit leichten Drahtständern direkt auf der Zither platziert.

In der grossen Zither-Blütezeit wurde unbekümmert und vollmundig geworben, «in einer Stunde zu erlernen». Tatsächlich ist das System genial einfach, in den hier beschriebenen Grundzügen leicht nachvollziehbar und hat sich übrigens bis auf den heutigen Tag nicht verändert. Aber für ein flüssiges und seelenvolles Spiel ist auch hier eifriges Üben unerlässlich. Eine vorteilhafte Handführung (Bild 101) begünstigt dies: Die Fingerkuppen der linken Hand berühren die Akkorde, der Zeigfinger liegt bei der Basssaite des nächsten Akkordes, so kann mit der Zeit durch Ertasten ein blindes und sicheres Spielen der Akkorde erreicht werden, wozu ein Metallring mit feinem, leicht nach oben gerichtetem und unten abgerundetem Dorn (original Akkordzitherring) gut geeignet ist und einen bestimmten Klang ergibt. Die rechte Hand macht eine halb geschlossene Faust und führt, Zeigfinger an Daumenbeere, den Ring. Hier ist ein Kunststoffring zu bevorzugen, welcher einen weichen Klang bewirkt.

Die griffbrettlosen Zithern in der Schweiz

Blütezeit 1880–1940

Griffbrettlose Zithern fanden in der Schweiz eine sofortige und begeisterte Aufnahme, chronologisch genannt die Autoharp, die Akkord- und Violinzither. Dabei wurde beim hinlänglich bekannten Spiel «Original, Kopie, Kopie von der Kopie» (vgl. S. 77), dem eigentlichen Lebenselixier dieser Zithern, kräftig mitgemacht. Viele auf dem Eidgenössischen Amt für Geistiges Eigentum in Bern eingereichte Patente belegen dies (vgl. S. 119). Alle diese Zithern waren sehr dankbare Hausmusikinstrumente, alleine, als Gesangsbegleitung oder mit weiteren Zithern zusammen gespielt.

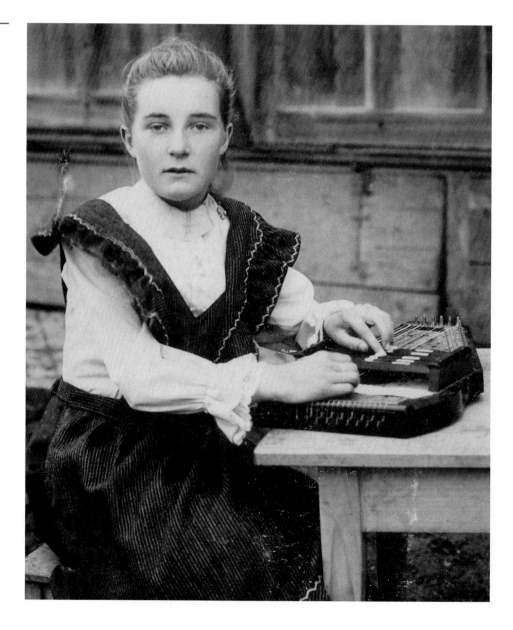

Bild 102
Ein Bauernmädchen mit seiner 6-manualigen Autoharp, Emmental, um 1910.

Bild 103
Die Autoharp (in den Anfängen Accord-Zither genannt) fand in der Schweiz begeisterte Aufnahme. Das Schweizer Lieder-Album der Firma «Hug & Co» erschien 1892.

Autoharp

Die Autoharp war vor allem bei der Landbevölkerung und in Haushaltungen mit kleinem Budget beliebt (Bild 102). Entsprechend ihrer Internationalität wird ein Artikel zitiert, der nicht etwa in einem Schweizer Lokalblatt erschienen ist, sondern 1897 im schlesischen «Schweidnitzer Kreisblatt»:

Der rührige Instrumentenbauer Wilhelm H. Bestgen, 1873 gründete er das bis auf den heutigen Tag existierende «Musikhaus Bestgen» in Bern, in den Anfängen «zur Lyra» genannt, war auch im Zitherwesen aktiv und vertrieb nebst vielen importierten Produkten auch selbst entworfene und gebaute Instrumente. Bekanntlich wurde die Auto-

«Ein neues Volksinstrument für Hausmusik:
Aus der Schweiz, wo neue, praktische Erfindungen immer rascher Eingang finden als anderswo, erfahren wir, dass dort ein leicht erlernbares, handliches und billiges Musikinstrument ganz erstaunliche Verbreitung gefunden habe. Es ist die sogenannte Accordzither. Besonders in industriellen Dörfern und Flecken kann man an stillen Feierabenden aus vielen Häusern wohllautgetränkte Melodien in harfenähnlichen Tönen erschallen hören, deren Entstehung der allein versteht, der das Instrument kennt.»

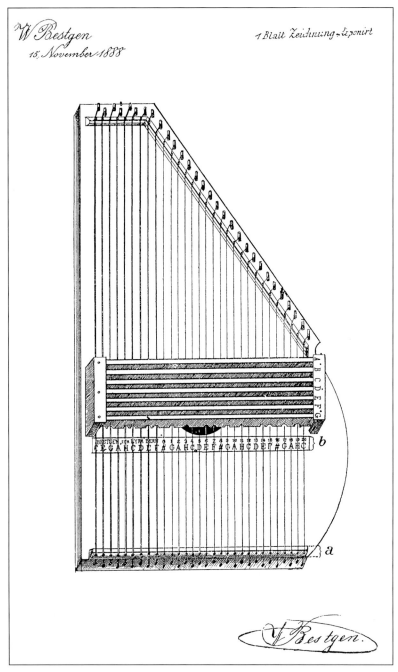

Bild 104
Bestgens Pedal-Zither ist, wie die der Patentschrift beigelegte Zeichnung vom 15.11.1888 zeigt, eine Kopie der wenige Jahre älteren amerikanischen und deutschen Autoharp.

Bild 105 (rechte Seite)
Die von Wilhelm Bestgen 1892 patentierte und in den Handel gebrachte Klaviatur-Zither zeigt bezüglich der Formgebung und der Optimierung der Mechanik eigenständige Lösungen.

harp 1882 in den USA patentiert, 1884 folgte ein deutsches Patent (vgl. S. 78). Einige Jahre später, 1889, erhielt Bestgen für seine Pedal-Zither das eidgenössische Patent No. 121 der Klasse 104. Der Patentanspruch lautete: «Die charakteristischen Merkmale meiner vorstehend beschriebenen Pedal-Zither sind die Pedale, durch welche man verschiedene Akkorde erzeugt.» Ein Blick auf die der Patentschrift beigelegte Zeichnung (Bild 104) vom 15. 11. 1888 lässt keinen Zweifel offen: Bestgens Pedal-Zither ist eine waschechte Autoharp ... Dazu gab er eigens eine Schule heraus: «Fünfzig Lieder mit unterlegtem Text für die sechspedalige Bestgens's patentirte Pedal-Zither / Verlag des Verfassers / Eigenthum für alle Länder / ‹zur Lyra›, Bern, Schweiz». Als Einleitung dient der Titel: «Über die Behandlung der Volkszither». Wie bereits erwähnt, wurde die Autoharp in den Anfängen auch Accordzither oder Volkszither genannt. Diese Pedal-Zither wurde in drei Varianten hergestellt, drei-, sechs- und siebenmanualig.

Seine 1892 mit der Patentnummer 5'809 versehene Klaviatur-Zither (Bild 105), ebenfalls eine Autoharp, zeigt hingegen sowohl bei der Optimierung der Mechanik als auch in der Formgebung eigenständige Lösungen. In der Zwischenzeit hatte sich Bestgen offenbar eingehender mit der Autoharp befasst. Die chromatische Besaitung reicht über beinahe vier Oktaven, von E bis c'''. Die Anordnung der Manualtasten entspricht der Oktave einer Pianoklaviatur. Die Skizze aus der Patentschrift zeigt die Unterseite der zwölf Manuale (Bild 106), ihre durchdachte und regelmässige Befilzung. Beim Drücken einer Taste werden von den dieser Taste entsprechenden, gleichnamigen Saiten die je zwei links und rechts benachbarten

Bild 106
Klaviatur-Zither, Detail der Mechanik, Befilzung der Manuale.

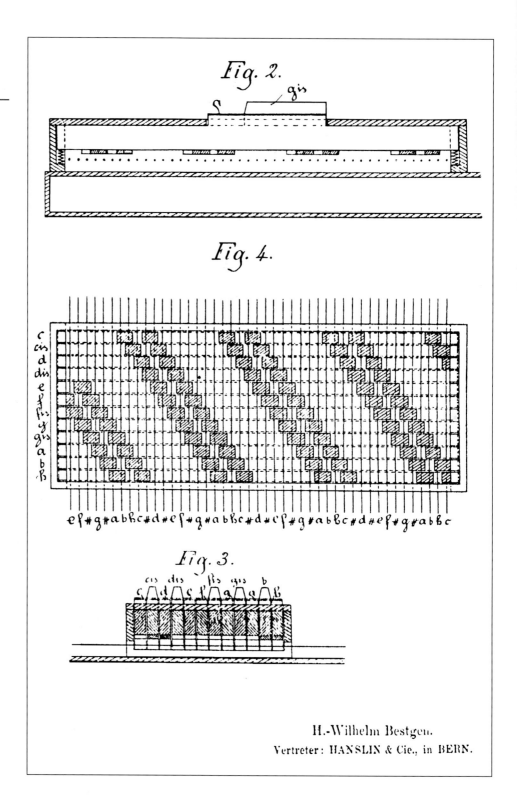

Saiten abgedämpft. Soll der D-Dur-Akkord erklingen, müssen – gleich wie beim Klavier – die Tasten d, fis und a gleichzeitig hinuntergedrückt werden. Die d-Taste dämpft somit alle c, cis, e, f, die fis-Taste alle e, f, g, gis, die a-Taste alle g, gis, ais und h. Die Tastenkombination d, f, a ergibt den d-Moll-Akkord. Auf diese Weise lassen sich alle Dur- und Mollakkorde spielen.

Akkordzither

Ähnlich wie in Deutschland wurde die Autoharp nach 1900 zunehmend von der Akkordzither verdrängt. Dass diese den Erfolg der Autoharp innert Kürze bei weitem überflügelte, ist das Verdienst einer Handvoll umsichtiger Musikalienhändler und -verleger, welche mit unternehmerischem Gespür ein breites Zielpublikum orteten und grosse Anstrengungen unternahmen, um einerseits das speziell schweizerische Repertoire von Volks-, Heimat- und Jodelliedern für unterlegbare Notenblätter sofort verfügbar zu machen und andererseits nebst importierten Zithern qualitativ hervorragende Eigenfabrikate anzubieten.

Dabei fällt Otto Schärer und seiner um 1898 in Zürich gegründeten Akkordzitherfirma «Helvetia» eine Vorreiterrolle zu. Nach eigener Darstellung hatte er 1903 bereits ein Repertoire von 150 Titeln schweizerischen Liedgutes verfügbar, zu je 100 Stück, in Ausführung für im Melodieteil teilchromatische (5-akkordige) und vollchromatische (6- bis 12-akkordige) Akkordzithern, insgesamt ein Vorrat von etwa 30 000 unterlegbaren Notenblättern. Die frühesten Helvetia-Zithern von

Bild 107
Akkordzither aus der Gründerzeit der Firma «Helvetia», Zürich, um 1898.

Bild 108
Detailaufnahme von Bild 107.

Bild 109
Titelblatt der Akkordzitherschule von Otto Schärer, um 1900.

Schärer fallen durch eine mässige Verarbeitung auf [46] (Bild 107). Glücklicherweise verbesserte sich die Qualität seiner Instrumente bald, was viele Anerkennungsschreiben belegen, die Schärer gerne in seinem Geschäft vorwies:

Schmid geht mit diesen Worten über ein reines Anerkennungsschreiben hinaus. Er macht sich auch Gedanken über den Wert der Akkordzither als neues Volksinstrument und vergleicht sie mit der Konzertzither. Ein Gedanke,

«Die Helvetia-Zither ist das schönste Instrument, das mir seit vier Jahren auf dem Zithermarkt begegnet ist. Sie darf würdig neben die Conzert-Zither gestellt werden; bietet die Helvetia-Zither viele Vorzüge, die den Conzert-Zithern nicht eigen sind. Auf ihnen kann man die feinsten Tonschattierungen hervorbringen und das Spiel bis zum stärksten Fortissimo steigern. Elegante Ausstattung, Einfachheit in der Erlernung des Spiels werden dazu beitragen, dass die Helvetia-Zither eine ‹National-Zither› werden wird. Möge sie den Weg in jede biedere Schweizerfamilie finden.»

*Burgdorf, im April 1903,
sig. Gustav Schmid, Zitherkünstler*

---

[46] Die 1884 in Klingenthal gegründete Zitherfabrik «J. Schug» fertigte übrigens die genau gleichen 8-akkordigen Instrumente.

6. Es ist ein Ros' entsprungen.

Bild 110
Notenblatt aus Schärers Akkordzitherschule.

A = Zahlenfolge für die Melodie
B = Melodie
C = differenziert gesetzte Begleitung
D = Begleitung als Folge der bekannten Symbole.

der ganz in der Absicht von O. Schärer liegt. Er veröffentlichte eine Schule (Bild 109), deren Stückesammlung, im Gegensatz zu den deutschen Vorbildern (vgl. S. 90), auch die akkordische Begleitung in Notenschrift angibt und dabei gewisse Finessen einbringt (Bild 110). Eine besondere Einrichtung der Akkorde 4 und 5 trug dazu bei; sie beinhalten nämlich eine Dur- und eine Mollvariante[47], ihre Stimmung: d, fis, a, d', f'/A, cis', a, e', c'. Und so sollte das umgesetzt werden: Beim Dur-Akkord wird die letzte Begleitsaite nicht angeschlagen, f' bzw. c', dies ist einfach zu praktizieren, beim Moll-Akkord wird die erste, dem Bass nachgestellte Begleitsaite übersprungen, fis bzw. cis', was theoretisch zwar einleuchtet, sich in der Praxis jedoch wenig bewährte und später wieder aufgegeben wurde. Schärers Akkordzithern, auch die 12-akkordigen Modelle, hatten in der Melodie einen nur zweioktavigen Umfang, von c' bis c'''. Als Zitherlehrer und Chorleiter verwendete er zum Einstudieren der Lieder nicht etwa ein Klavier, sondern eine Helvetia-Zither. Dazu ein Zeugnis aus dem Jahre 1903:

> *«Die Endesunterzeichneten bezeugen hiemit im Namen des Schweizerischen Vereins für Abstinente, Zürich, dass Herr Otto Schärer, Nordstrasse 158, schon seit längerer Zeit die Gesangs-Sektion obigen Vereines leitet und zwar ausschliesslich mit der Helvetia-Zither. Wir wollen hier ganz besonders hervorheben, dass Herr Schärer auf der Helvetia-Zither nicht nur den Sopran, sondern auch den Alt, Tenor und Bass begleitet und spielt und damit ganz erstaunenswerte Erfolge zu verzeichnen hat.»*
> *sig. Präsident und Aktuar*

---

[47] Diese Spezialität (Dur- und Moll-Stimmung der Akkorde 4 und 5) ist vereinzelt auch bei deutschen und amerikanischen Akkordzithern des frühen 20. Jahrhunderts anzutreffen.

Bild 111
Aus dem Katalog von
R. Baumann, Zürich, 1911.

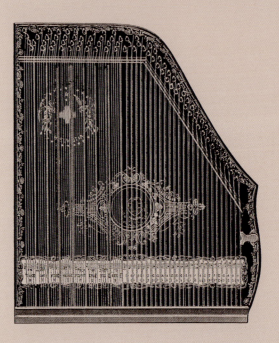

R. BAUMANN & Co., „Helvetia"-Guitar-Zither, Weststrasse 122, ZÜRICH III

„Helvetia"-Guitar-Zither No. 5

mit 92 Saiten, 8 Akkorden, chromatischer Melodie-, Bass- und Oktav-Doppel-Besaitung

Zubehör: Karton-Schachtel, 1 Schlüssel, Zitherschule, 3 Zither-Ringe und 10 unterlegbare Notenblätter nach Wahl des Bestellers.

Preis Fr. 45.—

No. 5 ist im Bau kräftig gehalten, unterscheidet sich aber in der Grösse von No. 7 im Verhältnis der beiden Abbildungen. Der Umfang der Besaitung gestattet den Vortrag aller bekannter Schweizerlieder, die in spezieller Ausgabe von uns erschienen sind. Bei Zithern mit 6 Akkorden ist dies nur in beschränktem Masse möglich.

Otto Schärer firmierte ab 1908 unter anderem Namen und handelte nur noch mit importierten Akkordzithern. Ihr werbewirksam helvetisiertes Dekor zeigt Wilhelm Tell mit Sohn Walter und allem was dazugehört, Armbrust, stolzer Blick, kurze Hose, zweiter Pfeil im Köcher und so weiter. Die Zettel lauten: «Otto Schärer's Schweizer-Zither, früher Helvetia-Zither, Zürich 3». Im gleichen Jahr, 1908, übergab er die Firma «Helvetia» an R. Baumann.

R. Baumann konzentrierte sich auf baulich und besaitungsmässig optimierte Akkordzithern, welche gemäss dem eidgenössischen Haupt- und Zusatzpatent No. 40'888 hergestellt wurden und seinen Helvetia-Zithern einen her-

Bild 112
Aus dem Katalog von
R. Baumann, Zürich, 1911.

vorragenden Ruf einbrachten, obwohl er im Katalog 1911 nebst drei Standardmodellen deutschen Ursprungs nur gerade zwei eigene Modelle anbot (Bilder 111 und 112), eines mit 8 und eines mit 12 Akkorden[48]. Allerdings waren diese in jeder Hinsicht von bester Qualität. Der Sinn von 12-akkordigen Instrumenten (Bild 113) ist übrigens weniger im Spielen harmonisch anspruchsvollerer Musik zu suchen, sondern vielmehr in der Möglichkeit des Transponierens der

Bild 113 (nächste Seite)
12-akkordige Helvetia-Zither, R. Baumann, Zürich, um 1910.

---

[48] Das eidgenössische Haupt- und Zusatzpatent No. 40'888 wurde am 7.3.1908 ausgegeben.

Liegt der Strich $\genfrac{}{}{0pt}{}{|}{\genfrac{}{}{0pt}{}{c}{1}}$ unter der roten Melodie-Saite, so gelten die auf dem Notenblatt vorgedruckten Zahlen	1	2	3	4	5	6	7	8
Liegt der Strich aber ½ Ton tiefer auf der **H**-Saite, so müssen für obige Zahlen diese Zahlen resp. Accorde gespielt werden	9	10	7	11	12	5	8	4
» » » » 1 Ton tiefer auf der **B**-Saite, so müssen für obige Zahlen diese Zahlen resp. Accorde gespielt werden	6	3	8	1	2	12	4	11
» » » » 1½ Ton tiefer auf der **A**-Saite, so müssen für obige Zahlen diese Zahlen resp. Accorde gespielt werden	5	7	4	9	10	2	11	1
» » » » 2 Töne tiefer auf der **Gis**-Saite, so müssen für obige Zahlen diese Zahlen resp. Accorde gespielt werden	12	8	11	6	3	10	1	9

Auf diese Art bringt das Spielen viel neue Anregungen und verursacht viele Freude. Manche Melodien gewinnen durch transponieren. Für jeden Fall aber ist jeder Spieler fähig, irgend ein abgestimmtes Instrument zu begleiten, oder sich der Begleitung anzupassen.

Bild 114
Dank der Transponiertabelle konnten Lieder mit der 12-akkordigen Zither in verschiedenen Tonarten gespielt werden.

Stücke, indem ein Lied mittels einer Tabelle (Bild 114) der Singstimme angepasst werden konnte. Dazu erweiterte Baumann die Melodiesaiten in der tiefen Lage bis ins gis, eine Neuerung, die im oben erwähnten Patent enthalten ist. Auch Baumann hat sich über die Wechselwirkungen zwischen Konzert- und Akkordzither Gedanken gemacht, eine Tendenz, die sich auch bei Schärer und mehr noch bei Hostettler nachvollziehen lässt, hier äussert sie sich beispielsweise in der Notationsweise der Stimmung auf der Schalldecke: Die Melodiesaiten sind im Violinschlüssel notiert, die Akkorde im Bassschlüssel, also gleich wie bei der Konzertzither. Interessanterweise findet sich diese Differenzierung nur bei den 12-akkordigen Instrumenten [49]. Das florierende Geschäft veranlasste Baumann, eine zweisprachige Akkordzitherschule herauszugeben (deutsch und französisch). Selbst die Texte aller Vaterlandslieder sind in beiden Sprachen enthalten, wodurch er dies- und jenseits der Sprachgrenze verbindend und identitätsstiftend wirkte.

Wie Schärer rüstete Baumann seine Helvetia-Zithern im doppelchörigen Melodieteil oktaviert aus, was einen starken, sonoren Klang ergibt. Diese Besaitung war damals vor allem bei grossen Modellen beliebt und scheint Käufer und Hersteller gleichermassen beeindruckt zu haben. Ein deutscher Produ-

---

[49] Die deutschen Hersteller verwendeten allgemein die Violinschlüssel-Schreibweise für den ganzen Besaitungsplan.

R. BAUMANN & Co., „Helvetia"-Guitar-Zither, Weststrasse 122, ZÜRICH III

Kurze Anleitung zum Spiel von „Helvetia"-Guitar-Zithern.

Das Spielen geschieht in sitzender oder stehender Haltung, die Zither direkt vor sich. Die Benützung des „Stellholzes", das jeder Zither No. 5 und 7 beigegeben ist, erhöht die Lage des Instrumentes und bewirkt starke Entwicklung der Tonwellen.

Das Einschieben der Notenunterlagen geschieht von der linken Seite. Die Notenklammern bei Zither 1, 3, 3a und 5 dienen zum Festhalten der Notenblätter während dem Spielen. Die senkrechte Linie, auf der linken Seite jedes Notenblattes angebracht, kommt direkt unter die **erste Melodiesaite C** zu liegen. Dadurch finden sich die zu spielenden Noten genau unter den richtigen Saiten.

Ein Pfeil ⟶ oder eine Hand ☞ zeigt, wo der Spieler beginnen soll. Die Saite wird angeschlagen, man fährt bis zur nächsten Note, und so fort. Ueber die Werte der einzelnen Noten und die entsprechende Benützung der Akkorde gibt eine „Zitherschule" Auskunft, die jeder Sendung beiliegt.

Das vorstehende Bild zeigt die Handstellung beim Spielen. Der Daumen der rechten Hand, mit fest angeschlossenem Zitherring besorgt das „Streichen" (Anschlagen) der Melodiesaiten. Mit dem Nagel des aufrechtstehenden Daumens der linken Hand werden die Begleitsaiten bedient. Man beachte genau die Stellung der beiden Hände.

Unter keinen Umständen soll der Zitherring zu gross gewählt werden, ein festes Anpassen in der Höhe der Nagelwurzel ist richtig. Die Spitze des Zitherringes liege **flach** auf der Saite. Die richtige Stellung des linken Daumens ist ebenfalls wichtig.

Keinesfalls soll der Finger schief aufliegen; bei richtiger Haltung ist ein Wundwerden der Fingerspitze ausgeschlossen.

Jede gewünschte Anleitung zum Spiel der „Helvetia"-Guitar-Zithern erteilen wir kostenlos **in unseren Lokalen:**

Weststrasse 122, beim Bahnhof Wiedikon, Zürich III.

Bild 116
Akkordzitherkurs, Bern, um 1910.

zent verglich das Volumen mit dem eines Klaviers[50], ein anderer warb sogar für Zithern «mit Orgelton».

Zur selben Zeit wirkten als Akkordzitherfachgeschäfte, mit eigenem, auf die Schweiz zugeschnittenem Notenverlag unter anderen: Hermann Bölsterli (Zürich), Anton Pfister (Gossau), Albin Hostettler (Bern), Jakob Klöti (Bern), Rudolf Kistler-Hügli (Murten). Diese bemühten sich ganz gezielt um die Verbreitung der Akkordzither, meistens in Zusammenarbeit mit fahrenden Händlern oder Agenten, die auf dem Lande von Haus zu Haus zogen, die Instrumente vorführten, spielten und verkauften. Sie organisierten auch Kurse, in denen die Leute, mehrheitlich Mädchen und junge Frauen, in das Spielen eingeführt wurden (Bild 116).

Albin Hostettler (1886–1960) führte einerseits von etwa 1916 bis 1938 in Bern[51] ein Fachgeschäft für Akkord- und Konzertzithern, andererseits war er

---

[50] J. Schug, Klingenthal: «Schug's Octav-Zither ist die neueste und vollkommenste von allen bisher im Handel befindlichen Zithern, kann mit Recht als Zither der Zukunft bezeichnet werden und gleicht im Ton einem Klavier.»

[51] Im Jahre 1920 inserierte Albin Hostettler in der Zeitschrift «Schweizer Frauenheim» für sein Zitherfachgeschäft, unter dieser Adresse: Waffenweg 20, Bern. Ab 1922 hatte er sein Domizil an der Lorrainestrasse 6, Bern.

Bild 115 (linke Seite)
Aus dem Katalog von R. Baumann, Zürich, 1911.

Bild 117
Albin Hostettler (1886–1960) führte in Bern ein Zitherfachgeschäft und leitete, dank Automobil, im ganzen Kanton zahllose Kurse.

Bild 118
Ein Unterlageblatt für die Akkordzither aus Hostettlers Notenverlag.

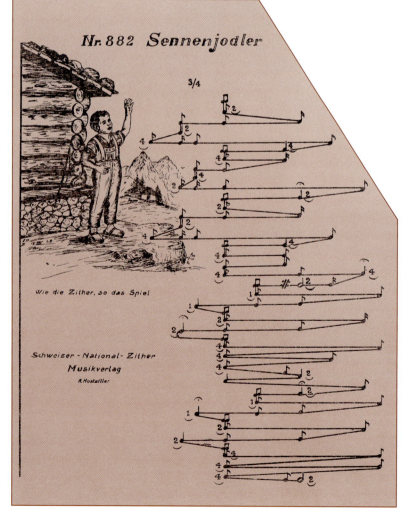

zwecks Werbung und Hausverkauf im ganzen Kanton anzutreffen und zwar – das wollte damals, wo selbst Notable wie Arzt und Pfarrer noch lange mit Pferdedroschken herumfuhren, noch etwas heissen – per Automobil, den Fond voller Zithern (Bild 117). Seine Vorliebe galt der Akkordzither. Die handgeschriebenen Notenblätter seines umfangreichen Verlages verzierte er hingebungsvoll mit kleinen Federzeichnungen (Bild 118). Laufend erweiterte er sein Notenangebot (Bild 119), bearbeitete ausgesprochen viele heimatliche Melodien und komponierte gelegentlich selber gemütvolle Stücke. Er amtete als Vertreter der Helvetia-Zithern, welche auch in andern Musikhäusern angeboten wurden, und ergänzte das Helvetia-Medaillon mit dem Schriftzug «Schweizer-National-Zither, A. Hostettler, Bern». Diese Instrumente wurden sehr geschätzt. Dazu ein Zeugnis aus seinem 1922 erschienenen Katalog: «Im Auftrage und Einverständnis des hiesigen Zither-Clubs erkläre ich,

Bild 119
Notenverzeichnis von Albin Hostettler, Ausschnitt, um 1918.

Verzeichnis

von Original-Noten bekannter Schweizer Jodel und Lieder für Guitarre-Zithern mit 6 und mehr Akkorden.

Gesetzt und herausgegeben von Alb. Hostettler, Bern.

Lieder.

Titel	Nr.
Auf Seewis Alp im Bündnerland	616
Aus der Jugendzeit	542
Büberl, merk dir's fein	540
Brüder, reicht die Hand zum Bunde	441
's Brienzerburli	641
's Chüjermeitschi	A517
Das Schwizerhüsli	992
Des Steirers Heimweh	538
Der Gemsjäger	885
Der Senne het es glücklichs Läbe	847
Der Schweizer in der Fremde	887
Der Ustig wott cho	742
Der Grimselpostillon	581
Der Bergmann	764
Der Frühlig isch au scho uf Berge cho	863
Der Tirolerjodler (Jodel)	541
Des Sennen Morgengebet (hört ihr's von)	856
Die Sennerin, Treibt die Sennerin von der Alm	643
Dort unten in der Mühle	828
Du liebe Bueb vom Ammithal	501
Der Tirolerbueb	401
Drunten im Unterland (Schweizer Volksweise)	767
Des Kindes Frage	760
Der Tiroler und sein Kind	537
Dort tief im Böhmerwald	330
Der Trueberbueb	517
Es lebt in jeder Schweizerbrust	811
Es war ein Sonntag hell und klar	529
Frühlingsgruß	740
Fern im Süd' das schöne Spanien (Schweizer Volksweise)	862
Fahr' wohl, du Lenzesmorgen	511
Freiheit, die ich meine	536
I de Flüehne isch mys Lebe	972
Ihr Berge, lebt wohl	707
Im Gamsgebirg	507
Im schönsten Wiesengrunde	751
In der Heimat ist es schön	827
In dem Land Tirol	872
In e Alphütt bin i gange	514
In Grindelwald den Gletsch'ren byn	505
Im Berner Oberland	504
I suech mi Heimat um und um	556
Im Feld des Morgens früh (Erinnerung an Halb-Bat. 18)	305
Im Schweizerland (Liederpotpourri)	
Kuckucklied	B811
Laßt hören aus alter Zeit	621
Luegit, vo Berg und Tal	754
Mein Schweizerland, wach auf	695
Mein Lieb ist eine Alplerin	527
Morge früeh, wenn d'Sunne lacht	848
Mein Herz, tu' dich auf	698
Müde kehrt ein Wandersmann zurück	510
Niene geit's so schön u luftig	639
Nichts gleicht der Heimat	931
Nimm deine schönsten Melodien	822
Nach der Heimat möcht ich wieder	604
Na de Berge, na de Flüehne	555
O glücklich lebt, wer lebt im Schweizerlande	817
O mein Heimatland, o mein Vaterland	696
Röslein im Walde	731
Rufst du, mein Vaterland	636
Reiters Tod (Morgenrot)	528
Seht, wie die Knospen sprießen	673
Siehst du am Abend die Wolken zieh'n	907
Soldatenleben (Liederpotpourri)	
So ne Sennerin	853
Schryb de gly	515
Schön ist die Jugend	735
Schweizerpsalm	714
Säg, was hescht du für nes Sehne	553
Steh' ich einst am Eisengitter	512
Us de Bärge, liebi Fründi	B519
Vo myne Bärge mueß i scheide	658

dass Herr Hostettler uns 12 Zithern geliefert hat im Werte von 1350.– und dass jedes Instrument zur vollen Zufriedenheit des Käufers ausgefallen ist. Besonders erwähnt seien die Helvetia-Zithern mit dem fein ausgebildeten, weichen Klang. Volle Anerkennung gebührt der von Herrn Hostettler angewandten Lehrmethode. Alle Kursteilnehmer waren mit dem Erfolg des Unterrichts sehr befriedigt und können Herrn Hostettler für alle in seinen Beruf einschlagenden Arbeiten bestens empfehlen. Biglen, den 19. November 1919, im Namen des Zither-Clubs Biglen, sig. Luise Scheidegger».

Die Zithern aus Hostettlers Vertrieb sind gelegentlich mit einem Instrumentenzettel ausgestattet, der eine stilisierte, nackte, kniende Harfenistin zeigt sowie den Schriftzug «A. Hostettler, Zitherbauwerkstätte, Bern». Das verleitet zur Annahme, dass er auch Instrumentenbauer war. Dem ist nicht so.

108 Die griffbrettlosen Zithern in der Schweiz

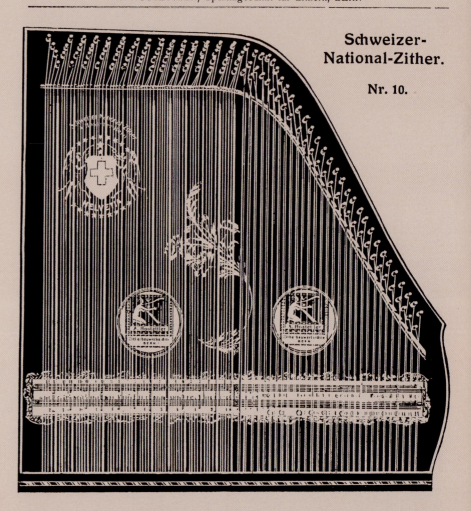

Nach den Angaben seiner Tochter hatte er in jungen Jahren das Schreinerhandwerk erlernt und führte nur anspruchslose Reparaturen aus.

Auffällig ist Hostettlers Hang, die Akkordzither in die Nähe der Konzertzither zu rücken, das zeigt sich insbesondere bei seinen Schweizer-National-Zithern: «Der Schallkasten ist aus feinstem Palisanderholz gebaut und hat feine Rosenholzzargen mit feinster Randlinienverzierung. Das Instrument

Die griffbrettlosen Zithern in der Schweiz

Bild 120
Doppelseite aus dem Katalog von Albin Hostettler, Bern, 1922.

steht der feinsten Konzertzither in Ausführung um nichts nach. Der Boden ist fein poliert und hat fünf Beinfüsschen». Soweit ein Ausschnitt aus dem Kommentar zum 8-akkordigen Instrument im Katalog des Jahres 1922. Das Äussere seiner Akkordzithern betont die Nähe zur Konzertzither mit der Materialwahl wie Palisanderdecke, Rosenholzzargen, Randeinlagen aus Bakelitstreifen und Beinfüsschen sowie das im Vergleich zu Baumanns Helvetia-Zi-

Bild 121
Akkordzither, Jakob Klöti, Bern, um 1910.

Bild 122 (rechte Seite)
Akkordzither aus dem Vertrieb von Rudolf Kistler-Hügli, Murten, um 1925.

Bild 123 (Mitte)
Detailaufnahme von Bild 122.

thern schlichte Abziehbilddekor. Damit, vor allem mit dem vorzüglichen Innenbau – auch hier wusste sich Hostettler in ein vorteilhaftes Licht zu rücken: «Fachmännisch ausgeführter künstlerischer Innenbau des Schallkörpers und erstklassiges Saitenmaterial verleihen dem Instrument einen wunderbar schmelzenden Ton» – wurde eine beachtliche Qualitätssteigerung erreicht, die jedoch ihren Preis hatte. Während deutsche Importzithern bereits ab 20 Franken zu haben waren, liest sich Hostettlers Preisliste wie die Menukarte eines Nobelhotels: 8-akkordige Schweizer-National-Zither 140.–, einfache Ausführung 100.– / 12-akkordiges Modell 170.–, einfache Ausführung 135.– / 12-akkordige Schweizer-National-Harfenzither in Rosenholz, Säule aus Ebenholz, mit Schnitzereien und Perlmuttereinlagen 500.–, einfache Ausführung 300.–. Das waren die Luxusmodelle in seinem Angebot (Bild 120), natürlich führte er auch billigere Akkordzithern.

Hostettler leitete zahllose Kurse, weit verstreut im ganzen Kanton Bern. Über einen solchen, durchgeführt in Detligen, äusserte sich eine betagte Frau mir gegenüber in einem Brief 1991:

«Herr Hostettler sprach bei meinen Eltern vor und verkaufte ihnen eine 6-akkordige National-Zither. Meine ältere Schwester besuchte dann den Kurs. Ich durfte sie jedoch begleiten sowie am unerhört wunderbaren Abschlusskonzert zuhören, wie schön all die Zithern klangen. Es waren 6-, 9- und 12-akkordige Instrumente. Herr Hostettler hatte den Kurs selber geleitet, im Winter 1928/29. Es war sehr kalt, als wir

Die griffbrettlosen Zithern in der Schweiz

Bild 124
Akkordzither aus dem Vertrieb von Anton Pfister, Gossau, um 1925.

jeweils nach Detligen wanderten, abwechslungsweise mit der Zither am Rücken, durch den Wald und den hohen Schnee, auf dem Heimweg den starken Wind im Gesicht. Aber die Freude war so gross! Und man schätzte diese Zithern und die Musik hoch, da noch kein Radio und Fernseher im Haus waren.»

In den 1930er Jahren hatte Hostettler zunehmend mit gesundheitlichen Problemen zu kämpfen, Spätfolgen seines Aktivdienstes im Jura während des Ersten Weltkrieges, was seine ausgedehnte Reisetätigkeit stark beeinträchtigte und zu Unregelmässigkeiten mit seinem weit verzettelten Kurs- und Unterrichtswesen führte, weshalb er sein Zitherfachgeschäft kurz vor Ausbruch des Zweiten Weltkrieges aufgab und sich auf eine ruhigere Tätigkeit verlegte. In der Folge führte er am Klaraweg 18 in Bern eine Handlung für kleine Holzbearbeitungs-Maschinen.

Für die Verbreitung der Akkordzither im Bernbiet hat sich Albin Hostettler grosse Verdienste erworben, während mehr als 20 Jahren arbeitete er vollberuflich und unermüdlich daran.

Jakob Klöti betrieb am Rosenweg 7 in Bern eine Akkordzitherfabrik sowie einen Verlag für unterlegbare Notenkarten. Seine Spezialität waren 9-akkordige Instrumente (Bild 121) mit oktavierten Bässen und doppelchöriger Mandolinbesaitung beim Melodieteil (vgl. S. 81), im Umfang von g bis c'''. Der Korpus hat die stattlichen Ausmasse von 685 x 535 x 40 mm, die Mensur der Akkorde beträgt 590 mm, seine Zithern tragen die gesetzlich geschützte Nummer 28'405 [52].

In der Schweiz waren grosse Akkordzithern, 7- bis 12-akkordige Instrumente, oft mit weiten Mensuren und entsprechender Tonfülle, ausgesprochen beliebt. Das 10-akkordige Modell (Bilder 122 und 123), das Rudolf Kistler-Hügli unter der gesetzlich geschützten Nummer 31'724 vertrieb, hatte die Masse 690 x 565 x 45 mm. Anton Pfister handelte mit der 7-akkordigen «Schweizer Konzert-Kronen-Zither», 690 x 480 x 40 mm (Bild 124).

Natürlich boten auch praktisch alle Musikhäuser Akkordzithern an. Sie ver-

---

[52] Identische Akkordzithern wurden auch in Deutschland hergestellt.

Bild 125
Aus dem Katalog eines Musikhauses, Bern, um 1930, Werbung für eine deutsche Akkordzither.

trieben in der Regel billige, aus Deutschland importierte 5- und 6-akkordige Standardmodelle (Bild 125). Um sie zu helvetisieren, wurden kurzerhand firmeneigene Zettel über die deutschen Originale geklebt[53]. Das Nebeneinander von Musikhäusern mit ihrem Massenverkauf und von Zitherfachgeschäften mit vergleichsweise teuren und qualitativ hochwertigen Instrumenten belegt den rasanten Aufschwung und die grosse Beliebtheit der Akkordzither – sie wurde innerhalb weniger Jahre zu einem sehr populären Volksinstrument.

---

[53] Das war auch in andern Ländern allgemein so üblich.

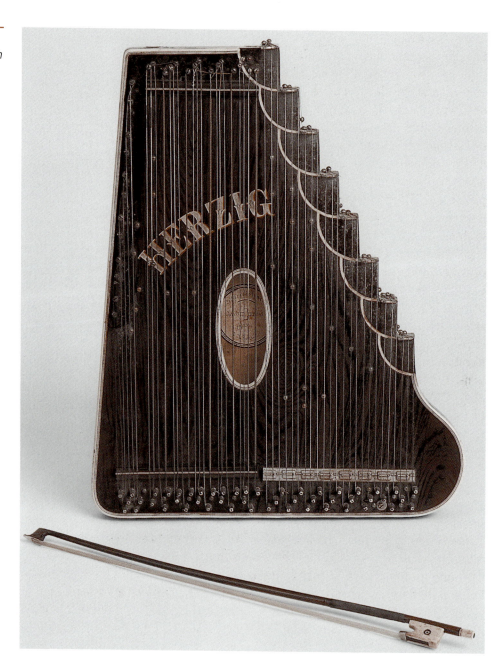

*Bild 126
Die Zithervioline von Heinrich Herzig orientiert sich in Bau und Materialwahl stark an der Konzertzither, gebaut in Sankt Gallen, um 1905.*

Violinzither

Wie bei der Autoharp und der Akkordzither reicht die schweizerische Pionierphase der Violinzither weit zurück und verläuft parallel zu den deutschen Patenten. Bemerkenswert ist die Zithervioline (Bild 126) von Heinrich Herzig, der in St. Gallen tätig war. Ohne Zweifel hat die in Deutschland um 1900 eingeführte Violon-Zither als Vorbild gedient (vgl. Bild 87). Die treppenförmige Gestaltung des Streichteiles wurde übernommen – diese bewährte sich übrigens schlecht und wurde bald von den Modellen mit zwei vertikalen Streicheinheiten abgelöst, die zum Spielen sehr praktisch eingerichtet sind (vgl. Bild 88 und 128) – alles weitere entwickelte er selber. Das eidgenössische Patent No. 27'041 stammt aus dem Jahre 1903. Das deutsche Modell ist mit schwarzem Hochglanzlack, derber Bauweise und Abziehbildern ganz der Mehrzahl der andern griffbrettlosen Zithern verpflichtet, während hier eine sehr sorgfältige und leichte Konstruktion vorliegt, die sich auch äusserlich an der Konzertzither orientiert, mit einer imitierten Palisanderdecke, den typischen Randeinlagen, dem ovalen, ebenfalls gefassten Schallloch, den dornbewehrten Stellfüsschen. Die auf der Schalldecke verteilten Rundkopfnägel kennzeichnen Oktaven-, Quinten- und Terzenflageoletttöne. Die Melodiesaiten sind in zwei Gruppen geteilt. Die Stimmung der Hauptgruppe, rechts, ist geeignet zum Musizieren in C-, G-, und D-Dur: cis', d', e'/f', fis', g'/a', h', c''/cis'', d'', e''/f'', fis'', g''/a'', h'', c'''/cis''', d''', e'''/f''', fis''', g'''. Die Dreierbündel entsprechen den acht Treppenstufen. Zur Tonverstärkung der höchsten acht Saiten sah die Patentschrift vor, diese doppelchörig zu führen, was jedoch in der Praxis unterlassen wurde. Die Melodiesaiten der Nebengruppe, links von den Akkorden, bieten die chromatische Ergänzung: c', as', b', es'', as'', b'', es'''. Herzig propagierte seine Zithervioline nebst der üblichen Spielweise für eine Person auch als Duett-, ja sogar als Terzettzither (Bild 127). Verlässt ein Stück die drei Tonarten C-, G- und D-Dur, so müssen die Halbtöne auf der Nebengruppe gestrichen werden, das Springen über die Akkorde behindert jedoch den Spielfluss. Deshalb riet Herzig, dass ein Spieler in diesem Falle nur die Akkorde spiele, während ein zweiter, gegenüber, mit zwei Bogen über das Instrument säble. Schliesslich könnte ein Dritter, wieder von der eigentlichen Spielseite, ebenfalls mit zwei Bogen in das Spiel eingreifen, dergestalt würden vier Bogen zweistimmig auf Herzigs Zithervioline herumfiedeln. Soweit die Vision des Erfinders. Um dies wirklich auszuführen, müsste der dritte Spieler den ersten umarmen, was im Knigge 1903 aber nicht vorgesehen ist, weshalb es wohl in der Regel beim artigen Musizieren in den drei Standardtonarten geblieben ist ...

Eine sehr erfolgreiche Verbreitung fand die wenig später eingeführte, im Melodieteil diatonisch gestimmte, fünfakkordige Violinzither (vgl. S. 83). Sie

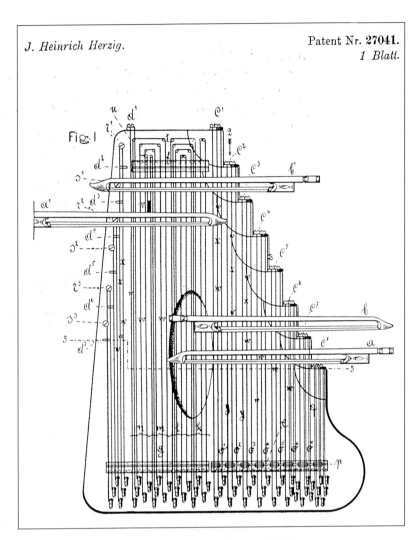

Bild 127
Zeichnung aus der Patentschrift, 1903. Heinrich Herzig propagierte seine Erfindung auch als Duett- und Terzettzither und empfahl pro Spieler zwei Bogen.

Die griffbrettlosen Zithern in der Schweiz

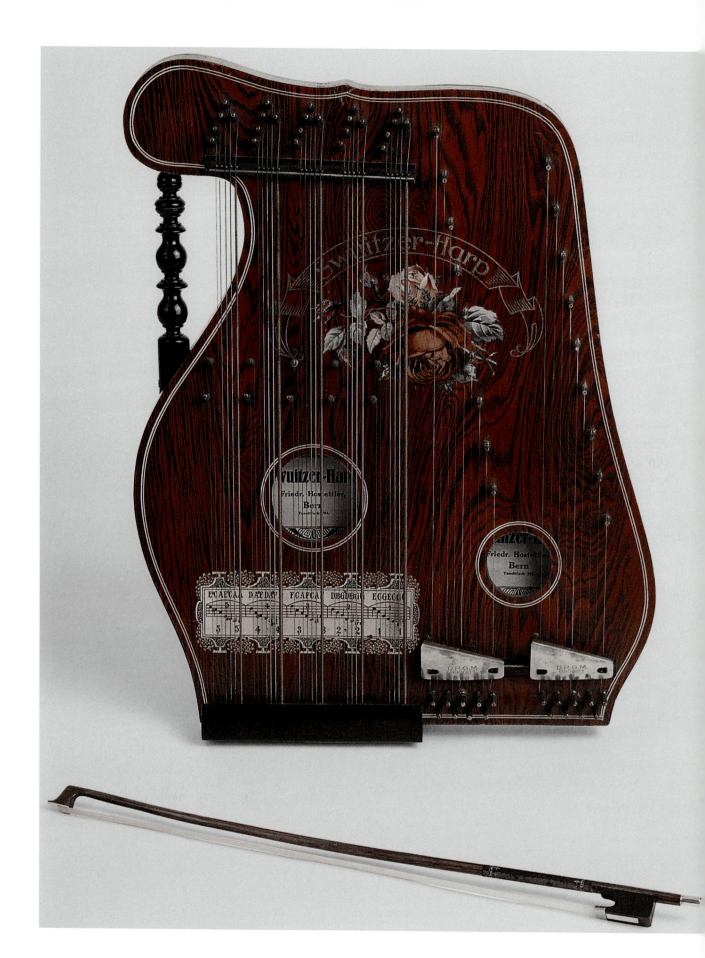

wurde auf ähnliche Weise wie die Akkordzither vertrieben, von Spezialgeschäften und fahrenden Händlern. In der Zwischenkriegszeit waren allein auf dem Platz Bern zwei Firmen tätig, die zur Hauptsache mit solchen Violinzithern handelten und Kurse anboten: das Musikhaus «E. Wenger» an der Bellevuestrasse 104 in Wabern und Friedrich Hostettler - nicht zu verwechseln mit Albin Hostettler (vgl. S. 105) - am Wachtelweg 23, später an der Moserstrasse 13 und schliesslich als «Violinharfen AG Hostettler-Binggeli» an der Neuengasse im Stadtzentrum (Bild 128).

Oft finden sich bei den diatonischen Violinzithern Einrichtungen, mit denen jede Melodiesaite um einen Halbton erhöht werden kann (Bild 129), was die Spielmöglichkeiten erweitern soll, ein flüssiges Spielen jedoch eher behindert; bei deren Bedienung wird die linke Hand gebraucht, welche mit dem Spielen der Akkorde ausgelastet ist, also bräuchte es für einen effizienten Einsatz dieser Halbtonmechanik eigentlich eine dritte Hand. Eingedenk des Umstandes, dass die Klangfarbe der so erzeugten Töne gegenüber den normal erzeugten deutlich abfällt, kratzt, trocken und hart ist, müssen diese Systeme[54] allesamt als nicht ausgereift taxiert werden, was offenbar auch von den Herstellern erkannt wurde; neuere Modelle jedenfalls sind meistens ohne solche Einrichtungen vertrieben worden. Zudem änderte sich die Form, anstelle einer solchen mit Harfenkopf und Ziersäule trat eine kompakte, annähernd rechteckige.

Natürlich existierten auch unterlegbare Noten für die Violinzither. Im Gegensatz zu denjenigen für die Akkordzither sind sie jedoch unübersichtlich und wenig praktisch, weshalb das Unterrichten und Spielen der Violinzither nach Noten bevorzugt wurde (Bild 130).

Ein bekannter Hersteller fünfakkordiger Violinzithern mit Harfenkopf und Säulenverzierung war Max Lausmann (geb. 1905) in Klingenthal. Anlässlich eines Interviews im Jahre 1987[55] schätzte er den Verkauf allein seiner Instrumente auf rund 50 000 Stück, abgesetzt vorwiegend in der Schweiz, in Österreich und Frankreich. Typisch ist ihr Abziehbildschmuck im oberen Drittel der Schalldecke, ein üppiges Rosenbouquet, überwölbt von einem geschwungenen Spruchband mit dem Schriftzug «Jubeltöne». Die 1901 gegründete, ebenfalls in Klingenthal ansässige Firma «Robert C. Hopf» fabrizierte zum Verwechseln ähnliche

Bild 128 (linke Seite) Violinzither aus dem Vertrieb von Friedrich Hostettler, Bern, um 1925.

Bild 129 Halbtonmechanik für die diatonische Violinzither.

---

[54] Eine dieser Halbtonmechaniken trägt die D.R.G.M. Nummer 918'351.
[55] Helmut Reinbothe, Von der Streichzither zur Konzert-Violin-Harfe, erschienen in der deutschen Zeitschrift «Musikforum», Heft 1/1987.

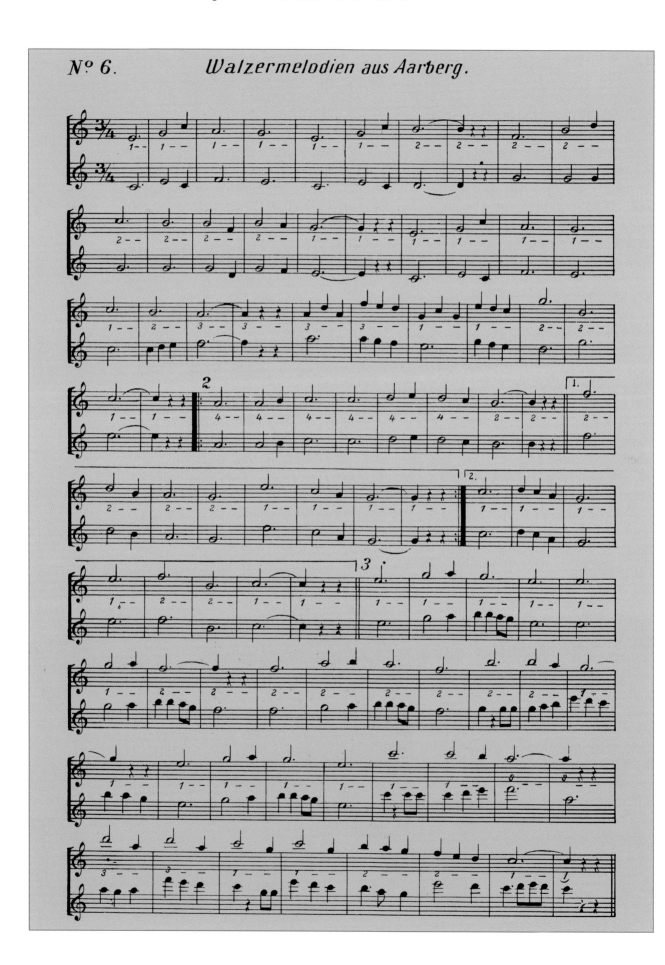

Violinzithern, sie tragen die D.R.G.M. Nummer 990'081, inklusive Rosenbouquet und Spruchband, allerdings heisst der Schriftzug dort «Hopf's Jubelklänge». Die genau gleichen Instrumente wurden vom bereits erwähnten Friedrich Hostettler in Bern vertrieben. Er hat seine Instrumente in Deutschland bezogen und mit dem Händlerzettel [56] sowie dem Inhalt des Spruchbandes helvetisiert, welcher dort «Swuitzer Harp» lautet, was soviel wie Schweizer-Harfe bedeutet.

Zusammengefasst wird festgehalten, dass die Autoharp, mehr noch die Akkord- und Violinzither, in der Schweiz zwischen 1880 und 1940 eine sehr erfolgreiche Verbreitung fanden. Die andern griffbrettlosen Zithern, Duettzithern, Zithern mit Mechanik und Zitherapparate, waren hierzulande nur sporadisch vertreten – ein Spiegelbild helvetischen Naturells: Bodenständiges wird adaptiert, Spezielles beargwöhnt, Geniales ignoriert ...

Aus eidgenössischen Patentschriften

Im Folgenden werden vier Zithern vorgestellt, deren Patentschriften nebst anderen auf dem Eidgenössischen Institut für Geistiges Eigentum hinterlegt sind, von denen aber unsicher ist, ob sie jemals gewerbsmässig produziert worden sind, jedenfalls fehlen trotz Recherchen in privaten Sammlungen und öffentlichen Museen jegliche Hinweise. Sie legen jedoch beredtes Zeugnis dafür ab, dass auch hierzulande getüftelt und gepröbelt wurde, immer auf der Suche nach subjektiver Verbesserung und noch einfacherer Handhabung, wobei tendenziell pro gelöstes Problem mindestens ein neues geschaffen wurde ...

Am 13. April 1910 wurde den Erfindern Albert Maurer (Bern) und Ernst Graber (Uerkheim) für eine Klavierzither das Patent No. 51'653 zugesprochen, genauer, für eine Klaviatur mit mechanischer Übertragung auf die Saiten. Es ist eine unpraktische zweiteilige Einrichtung. Die eigentliche Zither wird mit den Saiten nach unten auf den Mechanikkasten gelegt, welcher sogar noch grösser als diese ist, dem Spieler ist also der Boden des Instrumentes zugewandt, was die Klangentfaltung hemmt.

Das am 28. September 1912 für Emil Drutschi (Oberdiessbach) ausgegebene Patent No. 62'608 bringt eine komplett neue Saitenanordnung in fünf elf- bis dreizehnsaitige Hauptgruppen sowie ein apokalyptisches Mechanikgedränge von Gestänge, Federn, Winkelhebeln, Hämmerchen, Stäben, Wellen, Griffen, Zapfen, Bolzen, Rollen, Bügeln, Schlitten, Dämpfern, Filzplättchen, Fischbeinelementen und sonstigen Zweckmässigkeiten – hier scheint sich ein gescheiterter Dampflokomotiveningenieur versucht zu haben (Bild 131).

Rudolf Schmid (Schwäbis) erhielt für seine auf den Melodieteil einer Akkordzither aufsetzbare Stöpselmechanik, wo ein Stöpsel auf eine Saite wirkt und diese auf Druck anreisst, am 1. Februar 1922 das Patent No. 90'724. Sein System ist gut durchdacht und anwendbar.

Ernst Marti (Zetzwil) ersann eine Mechanik, die einer Akkordzither auf-

Bild 130 (linke Seite)
Aus der Violinzitherschule von Friedrich Hostettler, Bern, um 1920.

---

[56] Nebst Hostettlers Adresse findet sich dort gelegentlich der Vermerk «Hostettler's Club-Harfe».

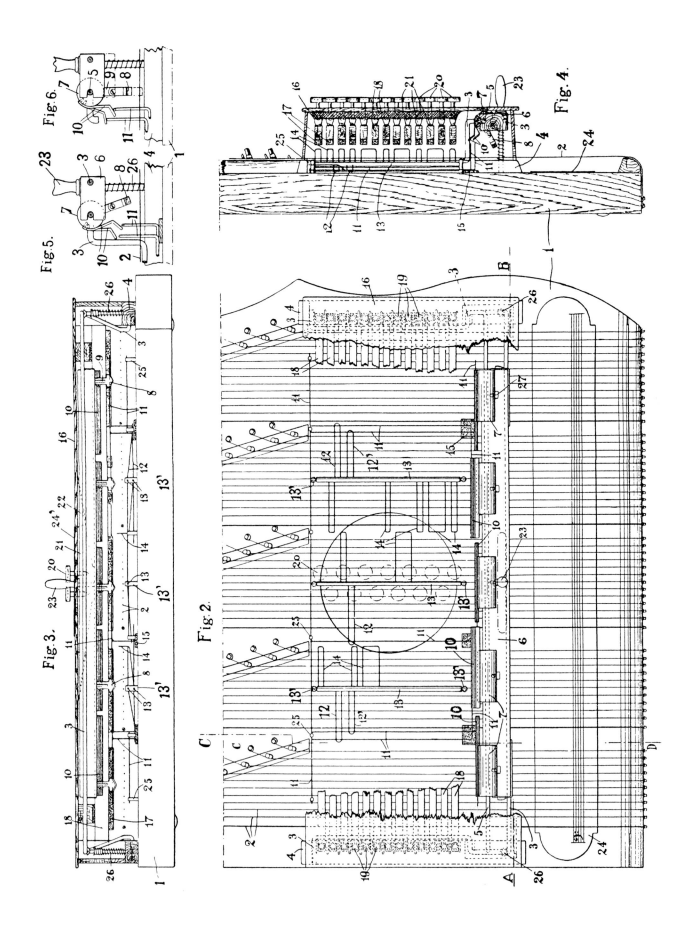

gesetzt werden konnte (Bild 132). Pro Saite braucht es einen Stöpsel, was insbesondere für das Spielen der Akkorde eher hinderlich ist, die mechanikmässig bedingte Versetzung der Melodieteilstöpsel behindert auch ein flüssiges Melodiespiel. Das Patent vom 17. März 1934 trägt die Nummer 172'757. Marti liess seine Erfindung zwei Jahre später auch in Deutschland patentieren.

Diese drei Duettzithern dagegen wurden mit einigem Erfolg hergestellt und vertrieben.

Das Universalinstrument des Zürchers Karl Wilhelm Grader (Bild 133) kann mit mehrfach verwendbarem Griffbrett als Streich-Guitar-Duett-Zither, Schlag-Guitar-Duett-Zither, Streichzither, Schlagzither oder Akkordzither gespielt werden. Die Erfindung wurde unter der Nummer 53'456 am 1. Oktober 1910 patentiert und in seinen drei Musikalienhandlungen in Zürich, Genf und Strassburg verkauft; mit der D.R.G.M. Nummer 370'837 war sie auch in Deutschland geschützt und wurde sicher auch dort vertrieben. Besonders interessant sind Konzeption und Einsatzmöglichkeiten des Griffbrettes: Die zwischen den Bünden auf-

Bild 131 (linke Seite)
Die Skizzen aus der Patentschrift von Emil Drutschi (Oberdiessbach) zeigen eine komplett neue Saitenanordnung sowie eine mehrschichtige komplizierte Mechanik. Das eidgenössische Patent No. 62'608 wurde am 28. September 1912 ausgegeben.

Bild 132
Skizzen aus der Patentschrift von Ernst Marti (Zetzwil). Das mit der Nummer 172'757 versehene eidgenössische Patent wurde am 17. März 1934 erteilt.

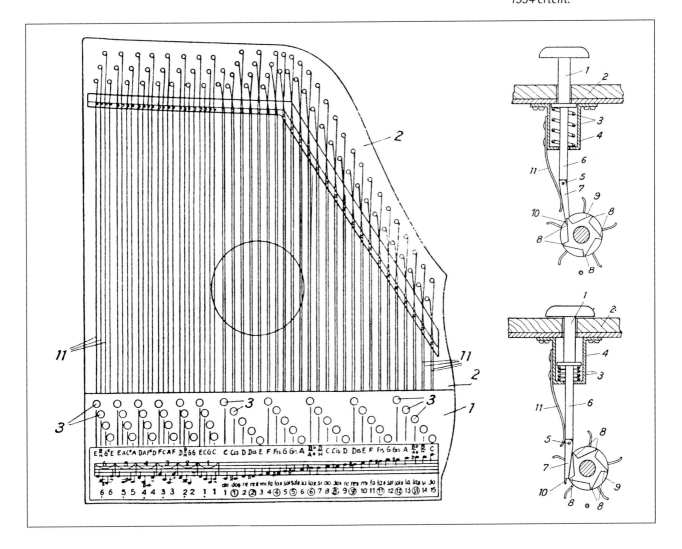

122

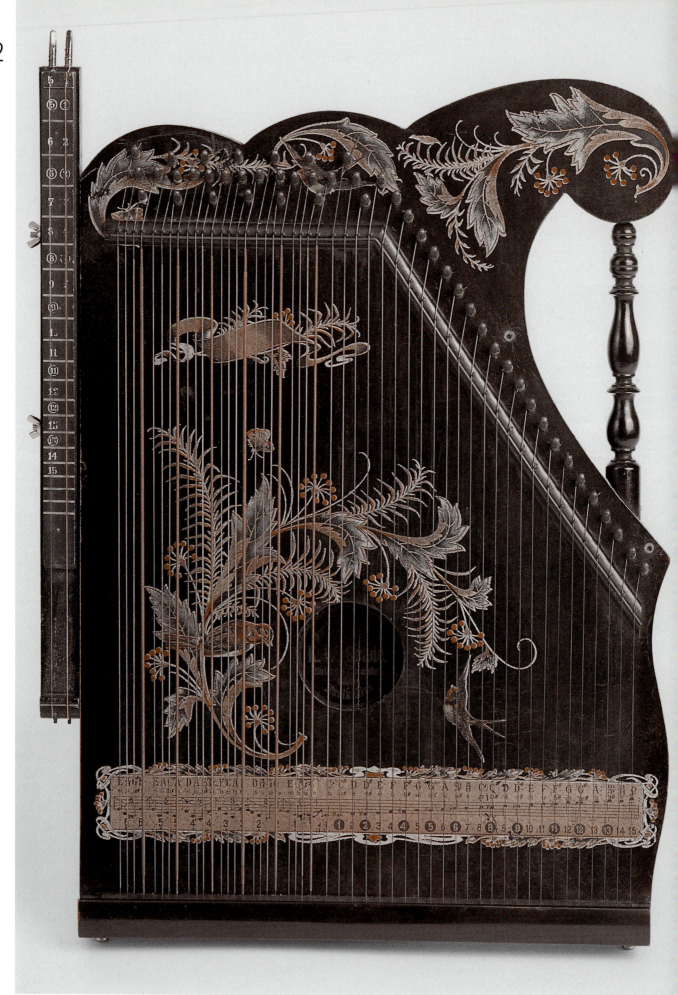

*Bild 133 (linke Seite)
Universal-Streich-Schlag-Guitar-Duett-Zither, Karl Grader, Zürich. Das entsprechende Patent No 53'456 stammt vom 1. Oktober 1910.*

*Bild 134
Griffbrettposition und Handhaltung als Schlagzither.*

gedruckten, teilweise umringten Zahlen entsprechen den Bezeichnungen beim Melodieteil der Akkordzither, was das Erlernen von Stücken aus Akkordzithernotenheften erleichtert (vgl. S. 90). Bei der Schlagzither-Spielhaltung verkürzen die Finger der linken Hand die beiden Griffbrettsaiten nach Belieben, während sie der Daumen der rechten Hand anschlägt, der Zeigfinger die Akkorde 6, 5 und 4, der Mittelfinger die Akkorde 3 und 2, der Ringfinger den ersten Akkord. Tatsächlich wird so ein schlagzitherähnliches Spiel erreicht (Bild 134). Wird das Griffbrett horizontal um 180° gedreht, ragt das Ende noch auffälliger über die Akkordzither hinaus. Jetzt kann dieselbe Melodie bei gleichbleibendem Fingersatz gestrichen werden (Bild 135). Grader handelte auch mit einer sehr ähnlichen Variante, der Streich-Guitar-Duett-Zither. Hier weist der Zargen eine Nut auf, der Querschnitt des Griffbrettes die entsprechende Feder. Das so verschiebbare Griffbrett dient demnach nur zum Streichen und ist mit einer zweifach positionierbaren Schraube montiert (Spiel- und Ruhestellung), die sinnigerweise in einen Geigenwirbel eingelassen ist. Gemäss Zettel eines alten Instrumentes tritt nebst ihm F. Hennings auf, genannt werden Altona-Hamburg, Amsterdam und Zürich, wahrscheinlich die Hauptzentren seines Vertriebsnetzes.

Bild 135
Griffbrettposition und Handhaltung als Streichzither.

Bild 136
*Das Berner Zitherduo Mühlemann/Imola konzertierte von 1986 bis 1994.
Links: Lorenz Mühlemann, rechts: Paolo Imola.*

Die von Robert Kramer (Lausanne) am 30. August 1913 mit der Nummer 63'363 patentierte Zither unterscheidet sich nur geringfügig von Graders Konstruktion. Das mit einer einzigen Schraube befestigte Griffbrett diente ausschliesslich zum Streichen und wurde zum platzsparenden Versorgen nach hinten geklappt, die Besaitung dem Boden zugewandt.

Neuere Zeit – ab 1940

Nach dem Zweiten Weltkrieg änderten sich mit dem Aufkommen von Radio und Fernsehen die Feierabendgewohnheiten breiter Bevölkerungskreise grundlegend. Zwar handelte Emil Weber in den 50er Jahren an der Palmenstrasse 18 in Basel noch mit deutschen, 6-akkordigen Violinzithern, und die Musikhäuser hatten weiterhin Zithern im Angebot. Der Umsatz ging aber sehr stark zurück, alle Zitherfachgeschäfte verschwanden.

In den 50er, 60er und 70er Jahren gab es unter den Zitherspielerinnen und -spielern kaum Nachwuchs, weshalb namentlich die Akkordzither allmählich zu einem «Grossmutterinstrument» mutierte. Eine Entwicklung übrigens, die bei den andern Zithern (Schwyzer Zither, Glarner Zither, Konzertzither) ähnlich verlief. Die Nachkriegsjahrzehnte setzten andere Akzente als Hausmusik und Vereinsleben.

Seit etwa 1985 ist landesweit ein neues Interesse an der Zither zu verzeichnen. Mit den reizvollen Möglichkeiten der griffbrettlosen Zithern experimentierte insbesondere das 1994 aufgelöste Berner Zitherduo Mühlemann/Imola (Bild 136) und verwendete ein breit gefächertes Instrumentarium: Appenzeller Hackbrett, Hammer Dulcimer, Akkordzither, Violinzither, Marxophonzither, Pianochordiazither, Mandoliazither etc. Mit Konzerten und zwei Tonträgern im Zeitraum 1986–1994 hat es wegbereitende Arbeit geleistet und neue Qualitätsmassstäbe für das Spielen der griffbrettlosen Zithern gesetzt. Gleichzeitig entstanden zahlreiche Gruppen, welche hauptsächlich die Akkordzither pflegen (Bild 137). Einerseits besteht aus nostalgischen Gründen ein reges Interesse an alten Instrumenten – bei der Violinzither finden hauptsächlich alte Instrumente Anwendung –, andererseits wird mit den importierten, günstigen Instrumenten der 1901 gegründeten Klingenthaler Firma «Hopf» gehandelt, sie wird nunmehr in der vierten Generation betrieben und ist eine der ganz wenigen, wenn nicht die einzige, welche die vielen Stürme der Zeit überstanden hat, und schliesslich haben sich in den letzten Jahren gleich mehrere Instrumentenbauer auf die Akkordzither spezialisiert (vgl. S. 131):

Bild 137
In den vergangenen Jahren entstanden zahlreiche Akkordzithergruppen, hier die «Seeländer Zithergruppe Lyss», an einer Stubete in Belp, 1998.

Bild 138
Eric Willemin konzertiert mit zwei weissen Akkordzithern.

Herbert Greuter, Willi Rutschmann, Hans-Ueli Bernhard, Franz Schökle.

Verdient gemacht haben sich bei der Wiedereinführung der Akkordzither Oswald Bonvicini (Basel), Willi Kaiser (Pratteln), Gertrud Jenni (Muttenz), Hans-Ueli Röthlisberger (Reiden), Wilfried Müller (Eglisau), Paolo Imola (Mühlethurnen), Lorenz Mühlemann (Konolfingen), Elisabeth Wüthrich (Langnau) und viele andere [57]. Alle hier Genannten schreiben und vertreiben auch Akkordzithernoten [58]. Wer die quantitative Vermehrung seines Repertoires anstrebt, ist mit dem Versand der Notenschreiber Imola, Müller und Jenni gut beraten, wobei Imolas Noten wegen ihrer vorbildlichen Übersichtlichkeit besonders hervorstechen und namentlich für Anfänger und mittelmässige SpielerInnen eine sehr empfehlenswerte, unerschöpfliche Fundgrube sind. Allerdings sind die zweiten Stimmen oft mehr oder weniger parallel gesetzt, was zwar das problemlose Erlernen und Zusammenspiel begünstigt, aber auf die Dauer mit einer gewissen Gleichförmigkeit auch ermüdet. Mir persönlich ist hauptsächlich an der Hebung der Spielqualität gelegen, weshalb ich meine Noten eher in Verbindung mit Seminaren und Kursen einsetze und schwierigere Arrangements für fortgeschrittene SpielerInnen bevorzuge, meist mit versetzten Stimmen, was gestalterisch mehr Möglichkeiten bietet und Abwechslung bringt. Zudem stelle ich immer wieder fest, dass Spielgruppen und Leute, die bereits zwei, drei Jahre spielen, zwar mit

---

[57] Oswald Bonvicini, Willi Kaiser und Hans-Ueli Röthlisberger sind leider bereits verstorben.

[58] Dabei handelt es sich um Noten für 6-akkordige und grössere Modelle. Wer für die heute kaum mehr gebräuchliche 5-akkordige Zither Noten sucht, findet bei Elisabeth Wüthrich ein kleines, aber gut überarbeitetes Angebot.

der funktionalen Handhabung ihres Instrumentes vertraut sind und meistens auch recht schnell neue Stücke selbständig aufarbeiten können, hingegen keine Ahnung von den technischen und gestalterischen Möglichkeiten haben. Selbst elementare Sachen, wie beispielsweise eine akzentuierte Phrasierung, wo gezielt Melodie- und Basssaiten gedämpft werden, lösen bei den Kursen allemal grosses Erstaunen aus.

In der französischsprachigen Schweiz ist die Akkordzither mit ihrem traditionellen Repertoire erst vereinzelt zu hören, hingegen hat sich dort, in enger Zusammenarbeit mit der in Lyon (Frankreich) beheimateten «association des amis de la cithare» in den vergangenen 30 Jahren eine ganz andere Richtung herausgebildet und organisiert. Das Psaltérion, eine eigens dafür entwickelte 12-akkordige Zither, deren Akkorde sich mittels Modulatoren auch während des Spiels beliebig von Dur nach Moll umstimmen lassen, wird mit einer raffinierten Mehrfinger-Spieltechnik ausschliesslich nach Noten gespielt. Anwendung findet sie in meditativer und sakraler Musik. Ihre markanteste Vetreterin ist Maguy Gerentet in Lyon. In der Romandie wirken unter anderen die beiden Ordensschwestern Magdalena Häni und Thérèse Gagnaux vom «Centre Saint Ursule» in Freiburg, Louisette Mantillèri in La Tour-de-Peilz und Lucette Burnand in Versoix. Aus gut unterrichteten Kreisen wird angegeben, dass in der Westschweiz bis jetzt etwa 1 500 Psaltérions verkauft worden sind.

Eine andere Richtung verfolgt der Genfer Eric Willemin (Bild 138): Seit etwa 20 Jahren setzt er die herkömmliche Akkordzither melodieführend in moderner Musik ein, begleitet von elektronischen Klängen, eine leichte und träumerische Musik. Er hat bereits mehrere Langspielplatten und CDs realisiert.

Befragt über die Verbreitung der Zither in der italienischsprachigen Schweiz, antwortete ein Tessiner Volkskundler mit trockenem Humor: «Die Zither hört beim Gotthard auf.»

Auch die Autoharp ist wieder da, allerdings nicht mit der europäischen Spielweise, wie sie um 1900 praktiziert worden ist, sondern, im Zuge der Folkbewegung der 1970er und 80er Jahre, mit der amerikanischen Spielweise. So spielt sie der Berner Tom Lochbrunner (Bild 139), Mitglied der damals erfolgreichen Formation «Bluegrass Blossoms», und ist Urheber einer empfehlenswerten MC.

Bild 139
Tom Lochbrunner demonstriert die amerikanische Spielweise der Autoharp.

Gegenwart und Ausblick

Man fragt sich vielleicht, wozu dieses Kapitel überhaupt nötig ist, nachdem alle drei Hauptbereiche der Zither in der Schweiz – althergebrachte Volksinstrumente (Häxeschit, Schwyzer Zither, Glarner Zither), Konzert- und Streichzither, griffbrettlose Zithern (Autoharp, Akkordzither, Violinzither etc.) – kapitelweise von den Anfängen bis zur Gegenwart dargestellt worden sind. Hier interessieren die gegenseitigen Wechselwirkungen, auch soll ein Blick in die Zukunft gewagt werden.

Die Zither, verstanden als Oberbegriff für ihre drei, hier aufgearbeiteten Hauptbereiche, hat in der Schweiz eine reiche Tradition und Gegenwart. Bis vor wenigen Jahren war es unüblich, dass Zithergruppen verschiedener Bereiche Austausch pflegten oder zusammen Konzerte bestritten. Man kann sie durchaus mit drei unabhängigen Ständen vergleichen, die praktisch nichts gemeinsam hatten, ausser – dass alle Zither spielten ... Konkret: Der von 1902 bis 1983 existierende «Verband Schweizerischer Zithervereine» war eine ausschliessliche Konzertzithervereinigung und hat zu den beiden andern Bereichen, Volksinstrumente und griffbrettlose Zithern, keine Kontakte gepflegt. Das Häxeschit wurde ausschliesslich als Hausmusikinstrument gespielt, meistens von Bergbauern und Älplern in abgelegenen Gebirgstälern, die selten bis nie über ihr heimatliches Tal hinausgekommen sind und keine musikalische Bildung hatten. Die Glarner Zither und die Schwyzer Zither waren in der Innerschweiz verbreitet und fanden ihren Platz ebenfalls im Haus, nach getaner Arbeit, gelegentlich auch in der dortigen Volksmusik, das Spielen wurde nach Gehör überliefert. Bei den griffbrettlosen Zithern handelte es sich zwar um eine Massenbewegung, die sich aber nie organisierte, Gruppen bestanden oft nur während der Dauer eines gemeinsamen Anfängerkurses. Das Spielen wurde dann vor allem im häuslichen Kreise und in kleinen Gruppen der nächsten Nachbarschaft gepflegt. Die drei Bereiche hatten also ganz unterschiedliche Zielrichtungen, ein spezifisches Publikum und Selbstverständnis; im ersten und dritten (Volksinstrumente und griffbrettlose Zithern) fehlte das Bewusstsein für Verbandswesen, weiterführende Kultivierung oder öffentliche Darstellung im Kultur- und Konzertleben – sie genügten sich selber.

Dies hat sich in den letzten Jahren grundlegend verändert. Die Schwyzer- und die Glarner Zither erlebten im allgemeinen Aufschwung von Volksmusik und Folklore eine Aufwertung, wurden aus ihrem Dornröschenschlaf erweckt und fanden durch vermehrten Einbezug an grösseren Festen, gelegentliche Fernsehpräsenz und dergleichen überhaupt erst Aufmerksamkeit in einer breiteren Öffentlichkeit ausserhalb ihrer Ursprungsgebiete. Die griffbrettlosen Zithern, namentlich die Akkordzither, wurden von ihrem verschlafenen Hausmusik-Mythos entstaubt und werden nun von vielen Gleichgesinnten auch öffentlich gespielt.

Neue Impulse in diese «dreiständige» Zitherwelt brachte das von mir 1994 im Schweizerischen Freilichtmuseum Ballenberg realisierte Projekt «Vielsaitige Zitherklänge». Während der ganzen Saison, April bis Oktober, wurde auf der grossen Bühne des Waadtländer Bauernhauses von Villars-Bramard (Nr. 531, Baugruppe «westliches Mittelland») eine Zither-Ausstellung gezeigt, die auch als Rahmen für vier Konzerte diente, wo Gruppen aus allen Landesteilen mitwirkten. An fünf

Gegenwart und Ausblick

offenen Musiziertagen waren ZitherspielerInnen aus der ganzen Schweiz eingeladen, ihren Museumsbesuch mit einem Ständchen im Hause ihrer Region zu bereichern, wovon über Erwarten reger Gebrauch gemacht wurde. Als Abschluss hatte ich am 18. September im Museumsgelände den ersten «Schweizer Zither-Kongress» organisiert, mit Beteiligung zahlreicher Gruppen, Solisten, Referenten und Instrumentenbauern. Dazu gesellte sich eine Börse mit Tonträgern, Musikalien und Instrumenten. Damit bekam die Zither in ihrer ganzen Vielgestaltigkeit – alle drei Hauptbereiche waren vertreten – erstmals eine gesamtschweizerische Plattform, die dank ihrer mehrmonatigen Präsenz in den Medien und in der Öffentlichkeit auf grosses Interesse stiess und neue Perspektiven eröffnete.

In der Folge begannen sich die verschiedenen, bislang abgeschotteten drei Hauptbereiche füreinander zu interessieren. Neue Kontakte wurden geknüpft und ausgebaut. Ich habe in den letzten Jahren mehrere gemischte Konzerte mit Zithergruppen aller Sparten durchgeführt, und die daraus resultierende Abwechslung stösst beim Publikum auf grosses Interesse; der Zitherverein Luzern organisierte im Herbst 1997 eine sehr gut besuchte Stubete, wo die Konzertzither so gut wie die Schwyzer Zither, Glarner Zither und Akkordzither zu hören waren. Die Aufzählung liesse sich verlängern. Die wichtigste Veränderung ist natürlich die, dass die drei Hauptbereiche der Zither nun den Austausch suchen. Für die Schweiz ohne Zweifel eine günstige und in jeder Hinsicht sinnvolle Entwicklung. In Deutschland und Österreich hat die Konzertzitherkultur nach einer Baisse in den Nachkriegsjahren mit neuen Ausbildungsmethoden nebst guter Laienmusik auch ein hervorragendes Solistentum erreicht[59]. Die Schweiz kann keine solche Entwicklung vorweisen und bewegt sich in Sachen Konzertzither im Grossen und Ganzen auf dem Niveau guter Vereinsmusik und herzhafter Volksmusik; diese Tatsache soll keinesfalls abwertend verstanden werden. Einzigartig in der Zither-Kultur des Alpenraumes hingegen ist die bereits erwähnte schweizerische Vielfalt – sie gilt es mit zukünftigen gemeinsamen Anlässen weiter zu kultivieren.

Womit der Blick in die Zukunft schweift. Falls eine Verbandsbewegung wieder aktiv werden sollte, so müsste sie die Interessen aller ZitherspielerInnen vertreten, also ein Bund, vereinfacht gesagt, von Schwyzer Zither und Glarner Zither über die Konzertzither bis zur Akkordzither. Dies wäre eine europäische Novität und könnte für ein zeitgemässes Zither-Verständnis wegweisend sein. Ihr Herzstück: das Schweizer Zither-Kultur-Zentrum. Dessen wichtigste Abteilungen: Museum, Archiv, Forschung, Bibliothek, Restaurationsatelier, Tonstudio, Ausbildung, Konzert- und Seminaragentur, Laden, Presse- und Mediendienst. Im Museum wären nebst einer repräsentativen Dauerausstellung zur Entwicklungs- und Verbreitungsgeschichte der Zither in der Schweiz spezielle Wechselausstellungen zu sehen, die europaweit vermittelt werden könnten; umgekehrt dürften beispielsweise Ausstellungen

---

[59] Zu erwähnen sind u. a. Fritz Wilhelm, Toni Gösswein, Peter Suitner, Rudi Knabl, Werner Frey, Klaus Waldburg, Hannelore Laister, Georg Glasl, Uwe Schmid, das Zithertrio Popp/Lägel, Tony Temerson.

wie die des Leipziger Organologen Andreas Michel, «Zithern – Musikinstrumente zwischen Volkskultur und Bürgerlichkeit», gezeigt 1995 im Musikinstrumentenmuseum der Universität Leipzig, oder die von Jan Folprecht 1996 auf der Prager Burg inszenierte Ausstellung «Die Zither in Böhmen» hier gastieren. Das Archiv würde den Dauerschlaf vieler Zithern in Schweizer Museen beenden, sie übernehmen – viele wurden noch gar nie ausgestellt und sind bestenfalls knapp katalogisiert – und fachgerecht erhalten. Die Forschung müsste das Archiv wissenschaftlich aufarbeiten, laufend in Fachzeitschriften publizieren und den Austausch mit einschlägigen Museen und Sammlungen europa- und weltweit pflegen. Die Bibliothek befasste sich mit «Zitherensis» aller Art, Bücher, Noten, Zeitschriften, Tonträger, Radio- und Fersehaufzeichnungen, Videos, Lehrgängen. Im Restaurationsatelier würden die Archivbestände gepflegt, natürlich würden auch Aufträge von Privaten, Sammlungen und andern Museen angenommen. Das Tonstudio wäre für Aufnahmen von etablierten Zither-Kreisen, Vereinen, Spielgruppen und Nachwuchstalenten zuständig. Die Ausbildung umfasste Lehrer, Jugendliche, Vereinsleiter, schulische und therapeutische Bereiche und was man sich sonst noch alles ausdenken kann. Übrigens eignet sich gerade die Akkordzither, im Grunde der Dinge sogar besser als die Blockflöte, ausgezeichnet für die musikalische Früherziehung und eine erste Bekanntmachung mit den einfachsten Grundlagen der Harmonielehre. Die Konzert- und Seminaragentur würde landesweit, bei Bedarf darüber hinaus, Interpreten und Leiter vermitteln, Einsätze koordinieren sowie im Hause Kurse, Tagungen und Begegnungen organisieren. Im Fachgeschäft wäre vom Zitherring in 117 Ausführungen, über Tonträger, Noten, Raritäten und neue Instrumente bis zu Zither-Art – die neuste Kunstrichtung, Skulpturen, zusammengebraten aus Überresten nicht weiter verwertbarer Zitheralien, «recycling à la mode du patron», Edelstes bis Skurrilstes, oberhalb des Cheminées oder auf dem Kompost zu deponieren – alles zu haben. Und schliesslich müsste dem Medien- und Pressedienst eine gigantische Werbeabteilung übergeordnet werden, welche kräftigstens auf die Pauke beziehungsweise auf die Zither hauen müsste, um den erheblichen Finanzbedarf dieser ideell zwar sehr verdienstvollen aber in der Praxis wohl nicht ganz selbsttragenden Institution sicherzustellen ... Eine verrückte Idee? lieber verrückt als verknöchert ... Und frei nach Pete Seegers stimmen wir ein in das bekannte Lied: «Sag mir wo die Mäzene sind, wo sind sie geblieben / Das Steuerbüro kam geschwind und schröpfte sie, mein Kind / Sag mir wo die Mäzene sind, wo sind sie geblieben / Die Antwort kennt der Wind, die Antwort keeent der Wiiiiiind!» Für ein solches Vorhaben müsste auch nicht gleich ein millionenschwerer Komplex von den Ausmassen des Eidgenössischen Statistischen Amtes, des Verwaltungsgebäudes «Titanic 2» in Bern, hingeklotzt werden, ohnehin ein wenig vertrauenswürdiger Name, den ich lieber nicht mit der Zither in Zusammenhang bringe. Reizvoller wäre der sanfte Umbau einer leerstehenden Fabrik, wieso nicht unter teilweisem Einbezug der ursprünglichen Einrichtung? Namentlich im Museum liesse sich damit eine spannende Wirkung erzielen. Auch sind nicht alle Abteilungen gleich dringend, das Ganze müsste wachsen,

Gegenwart und Ausblick

131

Trägerschaft, Stiftung, Verein, Fachpersonen und so weiter, ein innovatives Team mit viel Idealismus[60]. Denkbar wäre auch ein Museum im Museum; im Schweizerischen Freilichtmuseum Ballenberg, wo die Infrastruktur und der Besucherstrom schon gegeben sind, könnten beispielsweise zwei, drei historische Gebäude für diese Zwecke eingerichtet werden. Oder eine alte, leerstehende Villa, ein verwaistes Schulhaus, eine nicht mehr benutzte Lagerhalle der Armee, im friedfertigen Schosse des stacheldrahteingefassten Kasernenareals vor allen möglichen Feindschlägen genial geschützt ... Oder ... Wer vermehrt die Vorschläge? Die Diskussion, meine Damen und Herren, ist eröffnet!

Moderner Zitherbau

Der mit Abstand vielseitigste Zitherbauer ist Herbert Greuter in Schwyz (Bilder 140 und 141). Er ist auch der Einzige, der sein Gewerbe hauptberuflich betreibt. Während seiner langjährigen Mitarbeit in der traditionsreichen Schwyzer Örgeli-Manufaktur «Eichhorn», nach alter Väter Sitte werden dort sämtliche Einzelteile für alle Orgeln nach wie vor von Hand hergestellt[61], wurde er mit verschiedensten Materialien, Arbeitstechniken und qualitativ hochwertigster Handarbeit vertraut, Massstäbe, die er selbstverständlich auf den Zitherbau übertragen hat, womit er sich seit 1988 befasst. Zudem forscht er dauernd nach Klang- und andern Verbesserungen. Alle Saiten seiner Instrumente werden in der eigenen Spinnerei hergestellt. Natürlich gelangt nur jahrelang getrocknetes Tonholz zur Verarbeitung. In seinem An-

Bild 140
Herbert Greuter ist der einzige Zitherbauer in der Schweiz, der sein Gewerbe hauptberuflich betreibt.

---

[60] 1996 wurde für die Nutzung des Käfigturmes, ein historisches Gebäude an zentraler Lage in der Altstadt von Bern, ein Wettbewerb ausgeschrieben. Meine im Sinne des Haupttextes eingereichte Projektskizze kam in die engste Auswahl und musste leider wegen finanziellen Erwägungen zurückgestellt werden.

[61] Etwa 25 Modelle sind im Angebot, vom Mini-Örgeli über diatonische und chromatische Schwyzer-Örgeli bis zur chromatischen, 6-chörigen Handorgel.

Gegenwart und Ausblick

Bild 141
Akkordzither, Herbert Greuter, Schwyz, 1996.

gebot befinden sich die Schwyzer- und die Glarner Zither – er ist heute der einzige Hersteller dieser althergebrachten Volksinstrumente –, die Akkord-, Mandolia- und Violinzither. Schwerpunkt bildet die Akkordzither, da hat er sieben Modelle im Sortiment. Als versierter Fachmann macht er auf Wunsch auch Sonderanfertigungen und Restaurationen. Für seine 9-akkordigen Zithern hat er eine aufsetzbare Mandoliamechanik entwickelt, diese Instrumente lassen sich also als Akkordzither und als Mandoliazither spielen. Alle seine Zithern zeichnen sich durch sorgfältigste Materialwahl, Verarbeitung und ein schönes, ausgewogenes Klangbild aus. An den Kunden gelangen sie

Bild 142
Hans-Ueli Bernhard in Burgdorf hat sich neben seiner Haupttätigkeit als Geigen- und Gitarrenbauer auf günstige Akkordzithern spezialisiert.

schliesslich in ebenfalls selber hergestellten Koffern.

Ein anderes Konzept verfolgt der Instrumentenbauer Hans-Ueli Bernhard in Burgdorf. In seinem Atelier für Geigen- und Gitarrenbau wurde er immer wieder auch mit Restaurationen alter Zithern betraut und erkannte bald die Mängel der zwar sehr preiswerten, qualitativ aber wenig überzeugenden Importzithern, die heute für etwa 300 Franken in jedem Musikgeschäft zu haben sind und die Stimmung schlecht halten. Deshalb kam er auf den Gedanken, selber Anfängerinstrumente (Bild 142) herzustellen, welche immer noch sehr günstig und in Bezug auf die Stimmhaltung einwandfrei sind. Natürlich liegt hier kein Tonholz drin, Decke und Boden sind aus Sperrholz gefertigt. Die Instrumente fallen durch eine leichte, saubere Konstruktion und Verarbeitung auf. Klanglich geben sie deutlich weniger her als die Greuter-Zithern. Das Preis-Leistungs-Verhältnis ist jedoch in beiden Fällen optimal: Die Greuter-Zithern befriedigen ein anspruchsvolles Publikum und fortgeschrittene SpielerInnen, die Bernhard-Zithern, hergestellt werden sie seit 1998, könnten sich als vernünftige Einsteigerinstrumente etablieren.

Weiter sind die beiden Rentner Willi Rutschmann (Neftenbach) und Franz Schökle (Bretzwil) zu nennen, welche den Zitherbau eher als Hobby betreiben. Während die Rutschmann-Zithern qualitativ in jeder Hinsicht ausgereifte Instrumente darstellen, das Ergebnis jahrelangen Aufbaus, müssen bei den Schökle-Zithern gewisse Vorbehalte angebracht werden. Vor allem ist nicht einzusehen, warum Instrumente, deren Zargen lediglich aus einer dicken Sperrholzplatte gefertigt werden, im Endeffekt teurer sind als alle andern. Willi Rutschmann hat übrigens bereits mehr als 700 Zitherfüsschen vertrieben, eine Spielhilfe, die, im oberen Bereich des Bodens befestigt, das Instrument in

Bild 143
Mit seiner saitenzug-resonanz-getrennten Membran-Zither beschreitet Heinz Ammon neue Wege im Zitherbau.

Bild 144 (rechte Seite)
Saitenzug-resonanz-getrennte Membran-Zither, Heinz Ammon, Corgémont, 1998.

leichte Schräglage bringt, dem Spieler zugewandt, und den Klang verstärkt.

Heinz Ammon (Corgémont) befasst sich seit vielen Jahren mit der Konzertzither. Sein Zitherbau geht ganz andere Wege als das etablierte Gewerbe in Deutschland und Österreich. Seine Membran-Zither (Bilder 143 und 144) soll:

- eine eigenständige, nicht auf einen Resonanztisch angewiesene, auf eigenen Füssen stehende Konzertzither sein, die sich mit wenigen

Gegenwart und Ausblick

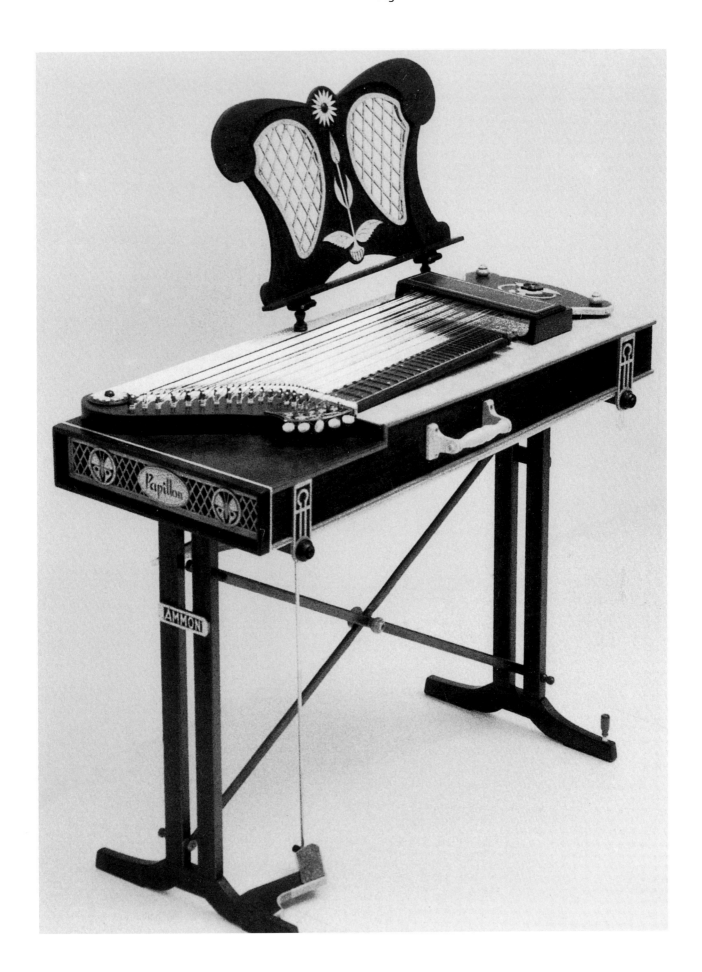

Handgriffen auf Koffergrösse zusammenpacken lässt
- saitenzug-resonanz-getrennt sein
- eine geräuschlose Saitendämpfvorrichtung haben
- anstelle einer Schalldecke mit einer feinmaserigen Fichtenholzmembrane versehen sein
- eine gute Basstransparenz und allgemein grosse Klangstärke aufweisen
- mit einem tonrichtungsweisenden Reflektor ausgestattet
- ein modernes Künstler- und Solisteninstrument sein.

Damit werden sehr hohe Ansprüche gestellt, die erfreulicherweise, insgesamt ist eine empirische Prototypenserie von bislang etwa zehn Instrumenten entstanden, auch eingelöst werden. Die Grundidee einer saitenzug-resonanz-getrennten Konzertzither ist übrigens nicht neu. Bereits im ausgehenden 19. Jahrhundert experimentierte z. B. Georg Stössel (vgl. S. 72) damit und entwickelte ein eigenes Modell bis zur Patentreife[62]. Ammons Umsetzung allerdings ist ein absolutes Novum. Nebst der genialen Klangübertragung auf die Membrane, eine Kunst, die erst langwierige Stimmgabelexperimente möglich gemacht haben, besticht der Dämpfer, eine Neuentwicklung, die beispielsweise im Hackbrettbau – das Hackbrett ist ebenfalls ein lange nachhallendes Instrument, das Klänge manchmal wenig vorteilhaft ineinander verschwimmen lässt – seit Jahren gang und gäbe, bei der Konzertzither hingegen sonst noch völlig unbekannt ist. In den vergangenen Jahren wurde zwar dauernd das Klangvolumen veredelt, mit der Psalterzither gar verstärkt, aber gelegentlich kann man dabei Effekte wie in Goethes «Zauberlehrling» beobachten, indem die SolistInnen der Klangentfaltung mit gelenkverrenkender Abdämpfungsakrobatik kaum mehr Herr werden ... Hier bietet Ammon eine absolut ausgereifte Lösung, die Schule machen könnte. Als sehr qualitätsbewusster Instrumentenbauer hat er seine Studien nebenberuflich gemacht, seine Instrumente auch schon an meinen Ausstellungen gezeigt, ist damit aber noch nicht in Produktion gegangen. Im Weitern bietet die Lösung, welche, vereinfacht gesagt, das Instrument und den Resonanztisch in einem Gegenstand vereint – es gibt keine mitschwingenden Teile, alles Mechanische funktioniert mit wenigen Handgriffen und geräuschlos –, ganz praktische Vorteile, indem sie den Resonanztisch überflüssig macht. Schliesslich ist das gesamte Erscheinungsbild bemerkenswert, ein modernes, geschickt gestyltes Gerät, das sichere Funktionalität, beste Klangeigenschaften und perfekte Verarbeitung in einem Guss vereint – das beeindruckende Ergebnis jahrelanger Forschungs- und Bautätigkeit. Beim Modell 1998 (Bild 144) kommen die gleichen Prinzipien zur Anwendung, mit dem Dekor wird hier eine Brücke zum schnörkelliebenden Zitherbau aus den späten Tagen des 19. Jahrhunderts geschlagen.

---

[62] Ammon entwickelte seine Idee unabhängig von historischen Vorbildern. Stössels Instrument sah er zum ersten Mal an meiner Ausstellung in Bulle, 1996, als er bereits ein halbes Dutzend Membran-Zithern gebaut hatte.

Das Schweizer Zither-Kultur-Zentrum in Konolfingen

Das Kapitel «Gegenwart und Ausblick» habe ich im April 1998 geschrieben. Im gleichen Sommer entdeckte ich im Anzeiger des Amtes Konolfingen ein interessantes Liegenschafts-Inserat, wonach im ehemaligen Hotel Bahnhof, vormals eine renommierte Gaststätte, gegenüber dem Bahnhof, also an zentraler Lage, Räumlichkeiten zu vermieten seien. Mit dem Besitzer wurden wir erfreulicherweise bald einig. Unter dem Dach, in den ehemaligen Hotelzimmern, entstand eine Wohnung, unsere Wohnung für die ganze Familie, und im ersten Stock, im ehemaligen Saal und einem Nebenraum, konnte ich das Schweizer Zither-Kultur-Zentrum einrichten. Zunächst hiess es allerdings eine ganze Weile Ärmel zurückkrempeln, putzen und anpacken, es sah dort nämlich aus wie nach dem Durchzug der napoleonischen Armee ... Am 20. Februar 1999 war es endlich soweit, das SZKZ wurde festlich eröffnet. So präsentiert es sich heute: Der Ausstellungsraum, das vielfältig nutzbare Museum (Bilder 145–148), zeigt auf einer Fläche von 160 Quadratmetern alle in der Schweiz gespielten Zithern. Den Schwerpunkt bilden historische Instrumente, in die drei Hauptbereiche gegliedert, wie sie auch im vorliegenden Buch dargestellt werden. Zu sehen sind die traditionellen Volksinstrumente (Häxeschit, Schwyzer Zither, Glarner Zither), Konzertzithern und Streichzithern sowie das weite Feld der griffbrettlosen Zithern, von Standardmodellen bis zu Raritäten und Einzelanfertigungen, ergänzt mit Fotos, Bildern, Patentschriften, Musikalien, Spielhilfen und dem ganzen zitheralen Umfeld. Das gegenwärtige Schaffen schweizerischer Zitherbauer wird mit spielbereiten Instrumenten von Herbert Greuter, Hans-Ueli Bernhard und Heinz Ammon dokumentiert. Weiter werden dem

Bild 145
An der Wand die Volksinstrumente Häxeschit (halb verdeckt), zwei Schwyzer Zithern, vier Glarner Zithern.

Bild 146
Im Vordergrund Konzertzithern, im Hintergrund Akkordzithern.

Publikum auch verschiedene alte Zithern zum Ausprobieren und Spielen anempfohlen. Das Museum ist zugleich Raum für Konzerte, Tagungen sowie Seminare praktischer und kulturhistorischer Art. Die Musikschule bietet Unterricht für alle gebräuchlichen Zithern, Einzel- und Gruppenunterricht für alle Altersstufen, Anfänger und Fortgeschrittene, Schnupperkurse und Workshops. In der Werkstatt werden Reparaturen und Restaurationen ausgeführt. Das Fachgeschäft führt Zitherringe für rechte und linke Daumen, Saiten, Noten, Tonträger und Instrumente, Neuanfertigungen sowie restaurierte Originale, Standardmodelle und Raritäten.

Das Schweizer Zither-Kultur-Zentrum in Konolfingen ist sonntags jeweils von 14.00 bis 17.00 Uhr geöffnet. Zudem findet regelmässig am ersten Sonntag im Monat (ohne Januar und Juli) um 10.30 Uhr eine öffentliche Führung mit Konzert statt. Ausserhalb der regulären Öffnungszeiten kann es auch

Bild 147
Raritäten aus dem Bereich der griffbrettlosen Zithern.

Bild 148
Lorenz Mühlemann zeigt eine seiner rund achtzig ausgestellten Zithern.

privat beansprucht werden, beispielsweise von Gesellschaften, für Firmenausflüge, Vereinsanlässe, Schulreisen, Familienfeste und so weiter, selbstverständlich mit individuellem Programm und Zeitrahmen (z. B. Führung, Apéro, musikalische Kostproben, eigene Spielversuche). Ich bin mit meinen Zithern übrigens auch mobil und bereichere Ihr Fest gerne mit einer Musikeinlage, wo sechs bis zehn verschiedene Zithern gezeigt, erläutert und gespielt werden.

Ich erlaube mir darauf hinzuweisen, dass die ganze Einrichtung ohne Verein oder öffentliche Kulturgelder funktioniert; ich bin Putzfrau-Restaurator-Lehrer-Zitherkulturbeauftragter-Manager-Direktor in Personalunion ...

Spenden sind als Zuwendung für den Fortbestand immer willkommen[63].

---

[63] Ihre Spende sichert den Fortbestand des Schweizer Zither-Kultur-Zentrums in Konolfingen: Berner Kantonalbank, Langnau, PC 30-106-9, Konto 740 42 3.624.216.83.

Eine kleine Notensammlung

Aus dem Bereich der Volksinstrumente (No. 1 bis 4) ist wenig Notenmaterial vorhanden, die Stücke werden bis auf den heutigen Tag hauptsächlich nach Gehör weitergegeben. Für die Konzertzither und die griffbrettlosen Zithern gibt es eine reichhaltige und sich über mehrere Generationen erstreckende Notenliteratur, die natürlich auch Geschmack und Zeitgeist spiegelt.

Die hier zusammengetragene kleine Notensammlung soll einen Einblick in die Musik vermitteln.

Die Stücke für die Schwyzer Zither stammen aus der Feder von Irene Niederöst und sind in ihrem Satz wiedergegeben. Für die Glarner Zither dienen zwei Beispiele aus der 1905 in St. Gallen verlegten Zitherschule.

Bei der Konzertzither (No. 5 bis 7) erscheinen Werke mit volksmusikalischem Charakter und solche, die eher einen klassischen Hintergrund haben und damit das Spannungsfeld zeigen, worin sich die Konzertzither bis auf den heutigen Tag bewegt.

Bei den griffbrettlosen Zithern (No. 8 bis 13) sind Originalarrangements aus den blühendsten Zithertagen des 20. Jahrhunderts vertreten sowie gegenwärtige Kompositionen.

Werkverzeichnis

1 Es gäbigs Stückli
Polka, traditional
Irene Niederöst hat dieses Stück von einer betagten Zitherspielerin, Bernadette Moos, gehört und aufgeschrieben. Das gleiche Stück ist auch in der Familie von Luise Betschart überliefert worden.

2 Oschterzyt
Ländler, traditional
Dieser Ländler stammt aus dem Repertoire von Josef Betschart (1909-1991), Zitherbauer und -spieler, Lehrmeister von Irene Niederöst.

3 Polka
traditional
Aus der Schule für die Glarner Zither, St. Gallen, 1905.

4 Schottisch
traditional
Aus der Schule für die Glarner Zither, St. Gallen 1905.

5 Hoffnung
Opus 172 b, Anton Smetak (1878-1955)
Anton Smetak war der bedeutendste Förderer der Konzertzither in der Schweiz und entfaltete als Virtuose, Dirigent, Pädagoge und Komponist eine überaus rege und erfolgreiche Tätigkeit.

6 Die Zierliche
Mazurka, Opus 55, No. 6
Anton Smetak

7 Elegie
Werk 147, Emil Holz (1898-1967)
Ein Werk für die Basszither des kompositorisch wohl vielseitigsten Musikers im Bereiche der Konzertzither.

8 Im schönen Emmental
Potpourri, 1. und 2. Teil, traditional
Für die Violinzither gesetzt von E. Bizzarre.

9 Echo vom Bürgenstock
traditional
Für die Violinzither gesetzt von
E. Bizzarre.

10 Das alte Spinnrad
traditional
Für die Violinzither gesetzt von
E. Bizzarre.
Bizzarre war in den 1920er und 30er
Jahren für die in Bern ansässige Violinzitherhandlung und -schule «E. Wenger» tätig und zog die Notenschrift
den unübersichtlichen Violinzither-Unterlageblättern vor.

11 Oberhofner-Galopp
Lorenz Mühlemann (geb. 1960)
Dieses Stück entstand zunächst für die
Akkordzither, anlässlich meiner Zither-Ausstellung im Schloss Oberhofen,
1993, und eignet sich im vorliegenden
Satz als Galopp besser für die Violinzither, Mandoliazither oder Mandolinettezither. Es ist auf der CD «Miniaturen» zu hören (Besetzung: zwei
Violinzithern, Cello).

12 Miuchmäuchterli-Polka
Lorenz Mühlemann
Geeignet für Pianochordiazither, Mandolinettezither u. a. Zu hören auf der
CD «Miniaturen», mit einem Intro
für zwei Alphörner, gefolgt von der
Besetzung Mandolinettezither, Konzertzither, Gitarre, Cello. Mit meinen
Kompositionen und Bearbeitungen
bin ich einerseits der traditionellen
Musik griffbrettloser Zithern verpflichtet, andererseits experimentiere ich
gerne mit den reizvollen und unerschöpflichen Klängen der unterschiedlichsten Zithern und kombiniere sie
mit weiteren Instrumenten wie Concertina, Oboe, Gitarre, Cello, Tenorhorn,
es darf auch einmal eine Drehleier,
Spieldose, ein Alphorn, Schlagzeug
oder etwas anderes sein.

13 Am Birkenweg
Walzer, Lorenz Mühlemann
Geeignet für Pianozither, Mandolinettezither u. a. Hier wird der a-Mollakkord gebraucht (der 5. Akkord,
A-Dur, wird umgestimmt, das cis wird
zu c). Zu hören auf der CD «Miniaturen» (Besetzung: Mandolinettezither,
Oboe, Cello).

1 Es gäbigs Stückli Polka

traditional, Notensatz: Irene Nideröst, Schwyz

2 Oschterzyt Ländler

traditional, Notensatz: Irene Nideröst, Schwyz

3 Polka
traditional

4 Schottisch
traditional

5 Hoffnung

Anton Smetak, Opus 172 b

6 Die Zierliche Mazurka
Anton Smetak, Opus 55, Nº 6

7 Elegie

Emil Holz, Werk 147

8 Im schönen Emmental — Potpourri, 1. Teil
Arrang. für Violinzither von E. Bizzarre

Im schönen Emmental — Potpourri, 2. Teil

9 Echo vom Bürgenstock

Arrang. für Violinzither von E. Bizzarre

10 Das alte Spinnrad

Arrang. für Violinzither von E. Bizzarre

11 Oberhofner-Galopp

Lorenz Mühlemann, 1993

Spielweise AABBACCA

12 Miuchmäuchterli-Polka

Lorenz Mühlemann, 1993

Spielweise A A B B A B A Coda

13 Am Birkenweg Walzer

Lorenz Mühlemann, 1997

Spielweise A A B B A A B B A Coda

Nachwort

«Die Zither – warum denn gerade die Zither?» werde ich immer wieder gefragt.

Wir schreiben das Jahr 1968 und schauen einem kleinen Jungen über die Schulter. Er mag es, die schweren Bildbände in Vaters Bibliothek anzuschauen. Ovale, golden gerahmte Porträts ernster Herren, heraustretend aus finsterem Grund, Reproduktionen vergilbter Expeditionsberichte, überbelichtete Schwarzweiss-Fotografien, alte Landkarten mit leeren Flecken, Kolumbus, James Cook, Alexander Humboldt, David Livingstone, John Franklin, Sven Hedin, Roald Amundsen, Amerika, Afrika, Australien, Südpol, Nordlicht, Eisberg, Urwald, Riesenschlange, Kolibri, Pinguin, Seeelefant, Schnabeltier, Lava, Qualle, Tigerhai, Indianer, Neger, Chinesen – die Welt voll Wunder und unendlich! Bald wird am eigenen Tierbuch geschrieben, schliesslich möchte man auch einmal in einem von Vaters Bildbänden enthalten sein, um von künftigen Kindergenerationen bewundert zu werden: «Die Katze ist ein liebes Tier. Der Flamingo ist rot und wohnt in Afrika.» Dazu Bilder, in ein altes Heft geklebt. Aber diese Tiere sind schon bekannt, beschrieben, sozusagen erledigt. Enttäuschung, kein Tierforscher zu sein, keine Aussichten auf einen Ehrenplatz im goldenen Rahmen. Es scheint einfacher, wie Kolumbus auf dem Meer herumzusegeln und als gemachter Mann zurückzukehren, auch muss es herrlich sein, mit einem Schiff in See zu stechen, so heisst das nämlich, «in See stechen». Aber dazu sollte man so etwas Komisches wie erwachsen oder zumindest grösser sein. Zudem lehrt der Blick in den Atlas, dass alle Länder eine Farbe und einen Namen haben. Der Traum ausgeträumt, bevor er richtig begonnen. Alles schon entdeckt, erforscht, gemacht. Es gibt keinen Platz mehr unter den Porträts. Sie haben den Nachkommen nichts übriggelassen – ärgerlich. Primarschule, Sekundarschule, Seminar. Und plötzlich die Zither. Dieses Instrument, das alle irgendwie kennen, wovon irgendwie niemand Genaueres weiss, das irgendwie überall und nirgends ist, auf staubigen Dachböden, umflort von vereinzeltem Glasziegelhell, als Generationenstrandgut an Flohmärkten und Brocanten, an keinem Konzert, nie am Radio. Wo verlieren sich die Fährten? Was ist das überhaupt für ein sonderbares Musik-Chamäleon? Und plötzlich ist wieder diese Neugierde da, dieser Eifer ... und Jahre später das vorliegende Buch.

Aus einer allgemeinen Zitherleiche wieder ein dankbares Musikinstrument zu machen, ist ein besonderer Vorgang.

Jedes Konzert ist ein unwiederbringlicher Augenblick, führt (un)bekannte Menschen zusammen, zeugt einen Moment rundes Jetzt-Erleben und Verbindung. «Denn im Prinzip ist die ganze Welt eine einzige Zither» – das jedenfalls hat Prof. Dr. Hans Franz Notting anlässlich seiner vielbeachteten Antrittsrede für den Lehrstuhl der ordentlichen Zitherologie an der Universität in Schnottwil schlüssig nachgewiesen. Seither ist die Zither in den Rang eines wissenschaftlich ernst zu nehmenden Forschungsobjektes aufgestiegen, etwa so, wie vor Jahrhunderten die Alchemie ...

Anhang

Empfehlenswerte Tonträger

Die hier genannten Tonträger sind ausnahmslos in der Schweiz entstanden und dokumentieren die Zithermusik in der Schweiz. Da sie in Musikalienhandlungen teilweise schwer oder gar nicht erhältlich sind, ist die Bezugsadresse jeweils angegeben. Die Liste liesse sich noch erweitern, diese Auswahl wurde nach Kriterien der Originalität, Aufnahmesorgfalt und Aussagekraft als Dokument aktueller Zithermusik getroffen und enthält Beispiele aus allen in diesem Buch vorgestellten Bereichen.

Am Schlösslirai
Zithergruppe Glarner Unterland, CD, Corema Records, 1991, Musik für die Glarner Zither.
Kontakt: Inge Menzi, Wiesenstrasse 5, 8867 Niederurnen

Glarner Zither-Klänge
Duo Albin Lehmann & Erika Bäbler, MC.
Kontakt: Frau Lehmann, Bücheli, 8753 Mollis

Zithermusik in der Schweiz
Mülirad-Verlag, Zürich, MDS-CD 4006, 1995, CD und MC, Mitwirkung von neun Ensembles aus allen Landesteilen, präsentiert werden alle in der Schweiz gespielten Zithern.
Kontakt: Lorenz Mühlemann, Burgdorfstrasse 8, 3510 Konolfingen

Bärner Tanzmusig
CD, 1994, Volksmusik für Häxeschit, Halszither, Geige, Klarinette, Örgeli, Bass.
Kontakt: Thomas Keller, Marktgasse 6, 3454 Sumiswald

Volksmusik auf der Konzertzither
Zithertrio Erstfeld, Phonoplay PMC 5187, MC.
Kontakt: Friedy Bissig-Feubli, Gotthardstrasse 175, 6472 Erstfeld

Autoharp
Tom Lochbrunner
Western & Country für Autoharp, Gitarre und Gesang, MC, 1992.
Kontakt: Tom Lochbrunner, Lehnrüttiweg 821, 3076 Wattenwil bei Worb

Der Zitherhändler - vielsaitige Zithermusik
Lorenz Mühlemann, Paolo Imola und Fabian Müller, Mülirad-Verlag, Zürich, MRCD 4001, 1993, CD und MC, Musik für verschiedene Zithern, Hackbrett, Cello.
Kontakt: Lorenz Mühlemann, Burgdorfstrasse 8, 3510 Konolfingen

Miniaturen
Lorenz Mühlemann und Freunde, Zeppelin-Verlag, Oberthal, LMR-CD 6075, 1997, CD, Musik für verschiedene Zithern, Hackbrett, Gitarre und Cello, ausgezeichnet von Swiss Radio International.
Kontakt: Lorenz Mühlemann, Burgdorfstrasse 8, 3510 Konolfingen

Fin de siècle
Musik für Zither, Gitarre, Cello, Tenorhorn, Lorenz Mühlemann und Freunde, CD ZYT 4549, 1998. Zytglogge Verlag, 3073 Gümligen.
Kontakt: Lorenz Mühlemann, Burgdorfstrasse 8, 3510 Konolfingen

April the 6th
Eric Willemin & the crystal sound, CSP 48585, CD, 1996, moderne Musik für Akkordzither.
Kontakt: Eric Willemin, 46 ch. A.-Vilbert, 1218 Gd-Saconnex/Genève

rêverie en cithare
Eric Willemin & the crystal sound, CSP 48586, CD, 1997, moderne Musik für Akkordzither.
Kontakt: Eric Willemin, 46 ch. A.-Vilbert, 1218 Gd-Saconnex/Genève

Hier noch die Titel einiger vergriffener und allenfalls antiquarisch erhältlicher Tonträger (LP) mit aufschlussreichen Aufnahmen:
Zitherquartett Basel, Biem AG, No 4651 / Die Zither als Kunstinstrument, Musikverlag R. Grünwald, München / Die Zithern der Schweiz, Ex Libris / Alte Engadiner Tänze, Activ-Records / Hackbrätt- und Zitheremusig, Zytglogge Verlag, 3073 Gümligen, ZYT 260.

Quellenangabe

geordnet nach Erscheinungsjahr

Josef Hartmann
Die Zither in Wien
Verband der Amateurmusiker und -vereine Österreichs, Wien, 1996

Andreas Michel
Zithern – Musikinstrumente zwischen Volkskultur und Bürgerlichkeit
Katalog der Zithersammlung des Musikinstrumentenmuseums der Universität Leipzig, D-Leipzig, 1995, ISBN 3-9804574-0-0

Zwei Jahrhunderte Zither in München
Kulturreferat der Landeshauptstadt München, verschiedene Autoren, Musikverlag Preissler, D-München, 1995

Jan Folprecht
Die Zither in Böhmen, Mähren und Schlesien
Selbstverlag, CZ-Ostrava, 1995

Heinrich Schiede
Lexikon für das Zither- und Saitenspiel
Musikverlag Preissler, D-München, 1994

Lorenz Mühlemann
Die grosse Familie der Zithern – ein dokumentarisches Bilderbuch
Zeppelin-Verlag, CH-3531 Oberthal, 1993, französische Ausgabe 1996

Becky Blackley
the autoharp book
i. a. d. publications, Brisbane, USA-California, 1983

Brigitte Bachmann-Geiser
Die Volksinstrumente der Schweiz
Handbuch der europäischen Volksinstrumente, Serie 1, Band 4, Deutscher Verlag für Musik, DDR-Leipzig, 1981

Brigitte Bachmann
Die Zithern der Schweiz
Glareana, Nachrichten der Gesellschaft der Freunde alter Musikinstrumente, 23. Jahrgang, Heft 4, 1974, Schweiz

Dr. Josef Brandlmeier
Handbuch der Zither, Band 1, Süddeutscher Verlag, D-München, 1963

Dr. Tobias Norlind
Systematik der Saiteninstrumente - Geschichte der Zither (Katalog)
Musikhistorisches Museum, Stockholm 1936

August Viktor Nikl
Die Zither - ihre historische Entwicklung bis zur Gegenwart
Wiener Arion-Verlag, Wien, 1927

Vom heutigen Stande der Zithermusik
Herausgeber: Vorstand der deutschen Zither-Konzert-Gesellschaft, Düsseldorf, 1926

Josef Hauser
Das goldene Buch, ein praktischer und leichtverständlicher Ratgeber für Zitherspieler.
Verlag Josef Hauser, München, 1921

Heinrich Freiherr v. Reigersberg
Was muss jeder strebsame Zitherspieler wissen?
Verlag Josef Hauser, München, 1908

Hans Kennedy
Die Zither in der Vergangenheit, Gegenwart und Zukunft
F. Fiedler's Musik-Verlag, Tölz, 1896

J. Christ
(Pseudonym für Paul Rudigier)
Darstellung der Zither
Verlag P. Ed. Hoenes, Trier, 1889

Archiv des Zithervereines Luzern
(integriert im Stadtarchiv Luzern)

Protokolle des Verbandes Schweizerischer Zithervereine

Bildnachweis

Bild 1: Historisches Museum Bern, Inv. Nr. 21 479
Bilder 2, 3, 15, 17, 18, 19, 20, 22, 25, 26, 27, 53, 54, 55, 101, 105, 107, 108, 113, 121, 122, 123, 124, 126, 128, 129, 134, 135: Fotostudio Roulier, CH-3086 Zimmerwald
Bild 4: Historisches Museum Basel, Jahresbericht 1994
Bild 7: Postkarte, das Original befindet sich in der Sammlung Hanny Christen, Basel
Bild 11: Irene Niederöst, CH-6430 Schwyz
Bilder 12, 71, 72, 73, 74, 137, 139, 140: Thomas Wieland, CH-6060 Sarnen
Bilder 13, 14, 34: J. Christ, Darstellung der Zither
Bild 16: Kornhaus, Schweizerisches Zentrum für Volkskultur, CH-3400 Burgdorf

Bilder 21, 24: Barbara Rhyner, CH-8762 Schwanden
Bilder 5, 6, 8, 9, 10, 23, 29, 32, 33, 35, 36, 38, 39, 40, 41, 42, 43, 44, 46, 47, 48, 49, 50, 52, 56, 57, 62, 66, 67, 68, 69, 70, 75, 76, 77, 78, 79, 80, 81, 82, 83, 84, 85, 86, 87, 88, 89, 90, 91, 92, 93, 94, 95, 96, 97, 98, 99, 100, 102, 103, 111, 112, 114, 115, 116, 117, 118, 119, 120, 125, 130, 136, 145, 146, 147: Archiv Schweizer Zither-Kultur-Zentrum, Lorenz Mühlemann, CH-3510 Konolfingen
Bilder 28, 30, 31, 51: Andreas Michel, Zithern, D-Leipzig, 1995
Bilder 37, 104, 106, 127, 131, 132, 133: Eidgenössisches Institut für Geistiges Eigentum, CH-3003 Bern
Bild 45: Joop de Jongh, Mierlo, Holland
Bilder 58, 59, 60, 61, 65: Archiv Zitherverein Luzern, CH-6005 Luzern
Bilder 63, 64: Nelly Egli-Kuhn, CH-8127 Forch
Bilder 109, 110: Elisabeth Wüthrich, CH-3510 Langnau
Bild 138: Eric Willemin, CH-1218 GD-Sacconex
Bild 141: Herbert Greuter, CH-6430 Schwyz
Bild 142: Hans-Ueli Bernhard, CH-3400 Burgdorf
Bilder 143, 144: Heinz Ammon, CH-2206 Corgémont
Bild 148: Werner Reber, CH-3082 Schlosswil

Wenn nicht anders vermerkt, stammen die fotografierten Zithern aus den Beständen des Schweizer Zither-Kultur-Zentrums, CH-3510 Konolfingen.

Personen- und Sachregister

Accord-Zither	79
Aeolian Company	77
Akkordzither	81, 97
Albert, Max	35
Altzither	30
Amberger, Max	39
Amerikanisch-deutsche Guitarzither	70
Amerikanische Harfenzither	82
Ammon, Heinz	134
Amrein, Anton	29
Anglo-American Zither Company	77
Arionharfenzither	38
Arionzither	38
Arnold, Adolf	52
Arpanettazither	88
Aschwanden, Thomas	17
Association des amis de la cithare	127
Autoharp	78, 93, 127
Bäbler, Erika	27
Bachmann, Bernhard	65
Bachmann, Frieda	66
Bachmann, Leo	61
Bachmann, Marty	65
Bachmann-Geiser, Brigitte	10
Basszither	30
Baumann, R.	100
Beck, Ruedi	61
Bernhard, Hans-Ueli	133
Bestgen, Musikhaus	93
Bestgen, Wilhelm H.	93
Betschart, Anton	17
Betschart, Josef Leonhard	17
Betschart, Luise	18
Betschart-Annen, Josef	18
Bissig-Feubli, Friedy	68
Bizzarre E.	141
Bleiker, Yvonne	68
Blum, Hans	17
Bölsterli, Hermann	105
Bonvicini, Oswald	126
Brandlmeier, Josef	71
Brandlmeier, Michael	72
Bräuer, Anton	39
Brütsch, W.	55
Buchecker, Heinrich F.	31
Bundesakademie für musikalische Jugendbildung, Trossingen	66
Burgstaller, Franz Xaver	35
Bürgler-Bürgler, Marie	18
Bürkli, Sepp	29
Burnand, Lucette	127
Bütler, Johannes	29
Camenzind, J.	47
Cello-Streichzither	42
Centre Saint Ursule	127
Chordephonzither	88
Christ, J. (Pseudonym für Paul Rudigier)	48
Cister	29
Darr, Adam	34
de Jongh, Joop	40
Dentinger, Josef	72
Deutsch-amerikanische Guitarrezither	70
Die grosse Familie der Zithern, Fachschrift	72
Diskant-Streichzither	42
Diskantzither	30
Doppel-Resonanz-Zither	36
Drutschi, Emil	119
Duettzither	84
Dürst, Kaspar	25
DZB, Deutscher Zithermusik-Bund	72
Eckhart, Vincenz	37
Egli, Erika	67
Eichhorn, Schwyzer Örgeli-Manufaktur	131
Eidgenössisches Institut für Geistiges Eigentum, Bern	119
Elegiezither	30
Emmentaler Halszither	29
Entlebucher Halszither	29
Epinette	11
Falter & Sohn, Musik-Verlag, München	31
Fehr, Hans	55
Felchlin, Josephine	65
Fidola-Mandolinettezither	84
Fischer, Josef, Musikinstrumentenfabrik	84
Folprecht, Jan	130
Frey, Werner	129
Fries, Erna Maria	68
Fritz, Bernhard	50
Furrer, Ida	63
Gagnaux, Thérèse	127
Gastel, Alois	25
Geigen-Lautezither	70
Gemischter Zitherklub Chur	53
Gemischter Zitherklub Stäfa	53
Gemischter Zitherverein Zürich	50
Gerentet, Maguy	127
Glarner Zither	21
Glasl, Georg	129
Glockenspielzither «Secession»	88
Gossenreiter, Kurt	29
Gösswein, Toni	129
Graber, Ernst	119
Grader, Karl Wilhelm	121
Greuter, Herbert	18, 131
Griffbrettlose Zithern	69
Grünwald, Richard	38
Guitarrezither, Guitarzither	81
Gütter, Karl August	78
Halszither	29
Hangartner, Ursula	67
Häni, Magdalena	127
Harpeleikzither	83
Haslwanter, Johann	39
Hauser, Josef	71
Haustein, Josef	52
Haustein-Spende	60
Häxeschit	11
Heinzer, Marie	18
Heinzer-Bürgler, Luise	18
Heinzer-Heinzer, Magdalena	18
Helvetia-Zither	97
Hennings, F.	123
Herzig, Heinrich	114
Historisches Museum Basel	22
Historisches Museum Bern	11
Hoenes, Paul Eduard	48
Hofmann, Charlie	26
Hogg, Emil	61
Hohlfeld, Ernst	61
Holz, Elsa	63
Holz, Emil	62, 140
Hopf, Zitherfabrik	125
Hostettler, Albin	105, 112

Hostettler, Friedrich	117	
Ideal-Reformzither	36	
Imola, Paolo	126	
Internationale-Chromatic-Mandoline	81	
Jenni, Gertrud	126	
Jobst, Johann	40	
Kaiser, Willi	126	
Kauer, Abraham	29	
Kennedy, Hans	47, 71	
Kerschensteiner, Xaver	39	
Kiendl, Anton	38	
Kinderzither	84	
Kistler-Hügli, Rudolf	105, 112	
Klaviatur-Zither	94	
Klavierzither	82	
Klöti, Jakob	105, 112	
Knabl, Rudi	129	
Koch, Ernst	64	
Koller, Mathias	61	
Kollmaneck, Ferdinand	35	
Konservatorium Dresden	55	
Konservatorium Innsbruck	65	
Konservatorium Linz	65	
Konservatorium München	65	
Konservatorium Wien	65	
Konzert-Chromatic-Mandolinen-Zither	70	
Konzert-Harfen-Guitarr-Zither	81	
Konzert-Mandolin-Harfe	81	
Konzert-Triumph-Zither	39	
Konzert-Violin-Zither «Kalliope»	70	
Konzertzither	30	
Konzert-Zither-Institut-Helvetia	48	
Kornhaus, Schweizerisches Zentrum für Volkskultur, Burgdorf	21	
Kosa, Jenny	59	
Kosa-Quartett	59	
Kradolfer, F.	55	
Kramer, Robert	124	
Kratzzither	14	
Kren, Franz	21	
Krieg, Sabine	27	
Krienser Halszither	29	
Laister Hannelore	129	
Lausmann, Max	117	
Lechleitner, Rudolf	48, 50	
Lehmann, Albin	21, 26	
Lehmann, Julie	61	
Lindenmann, Hermann	78	
Lindenmayer, Gottlieb	68	
Lochbrunner, Tom	127	
Luftresonanz-Harfenzither	41	
Luftresonanz-Konzertzither	41	
Luftresonanzzither	40	
Lyra-Adler-Riffo-Gong-Guitarr-Zither	70	
Maag, E.	52	
Mandoliazither	84	
Mandoline-Guitarr-Zither	81	
Mandolinenzither	81	
Mandolinettezither	84	
Mandolinophonzither	84	
Mantillèri, Louisette	127	
Marti, Ernst	119	
Marxophonzither	84	
Maurer, Albert	119	
Maximilian, Herzog in Bayern	21, 30	
Mayr, Sebastian	48	
Meinel, Adolf	40	
Meinel, Paul	45	
Meininger, Georg	33	
Meister, Henriette	68	
Membran-Zither	134	
Menzenhauer & Schmidt	77	
Menzenhauer, Zitherfabrik und Handelsfirma	69, 77	
Mettler, Franz	17	
Meuche, Friedy	59	
Michel, Andreas	130	
Mittenwalder Form	20	
Mühlegg, Georg	59	
Mühlemann, Charles F.	61	
Mühlemann, Lorenz	10, 126, 137, 141	
Mühlhölzl, Fritz	57	
Müller, Wilfried	126	
Münchner Stimmung	31	
Museum Engiadinais, Scuol	65	
Naito, Toshiko	59	
Niederländischer Zitherbund	40	
Niederöst, Irene	18	
Normalstimmung	31	
Obermaier, Lorenz	35	
Österreicher Schuhplattler-Verein, Bern	65	
Patent-Universal-Welt-Zither	84
Pedal-Zither	94
Pentaphon	43
Perfektazither	36
Petzmayer, Johann	21, 41
Pfister, Anton	105, 112
Pianochordiazither	84
Pianomandolinzither	84
Pianophonzither	84
Pianozither	84
Piccolozither	30
Praetorius, Michael	11
Primzither	30
Prüfungskommission des Verbandes Schweizerischer Zitherlehrer	57
Psalterform	41
Psaltérion	127
Pugh, Johannes	35
Quartzither	30
Quintzither	30
Rauch, Tumasch	65
Reformzither	36
Rehrer, Anton	21
Reigersberg, Heinrich Freiherr von	71
Reinhard, Venise	65
Renner, Margret	64
Rhyner, Barbara	27
Ringier, Gottlieb	47
Rodel, Samuel	29
Röthlin, Ursula	18
Röthlisberger, Hans-Ueli	126
Rudigier, Paul	47
Rutschmann, Werner	63
Rutschmann, Willi	133
Sahnentopfform	21
Saitenspiel, Zeitschrift	72
Saitenspielgruppe «La Soldanella»	68
Saitenzug-resonanz-getrennte Konzertzither	136
Salon-Gitarr-Harfen-Zither	70
Salon-Harfen-Zither	81
Salonzither	81
Salzburger Form	14
Schäffler, Willi	68
Schanfigger Heimatmuseum, Arosa	16
Schärer, Otto	97
Schlag-Guitar-Duett-Zither	121

Scheidegger, Luise	107	
Scheitholt	11	
Schlagzither	20	
Schleifstein, Anton	52	
Schmid, Gustav	98	
Schmid, Rudolf	119	
Schmid, Uwe	129	
Schmidt, Gustav Ernst	45	
Schneider, Oswald	25	
Schökle, Franz	133	
Schossgeige	42	
Schug, Zitherfabrik	98	
Schuler, Xaver	17	
Schweidnitzer Kreisblatt, schlesische Lokalzeitung	93	
Schweizer, Ferdinand (Pseudonym für Heinrich Wolf)	64	
Schweizer Konzert-Kronen-Zither	112	
Schweizer-National-Zither	106	
Schweizer Zither-Kongress	129	
Schweizer Zither-Kultur-Zentrum, Konolfingen	137	
Schweizer Zitherpost, Zeitschrift	65	
Schweizer-Zither	100	
Schweizerischer Zitherlehrerverband	57	
Schweizerischer Zitherlehrerverein	57	
Schweizerisches Freilichtmuseum, Ballenberg	128	
Schwyzer Zither	16	
Seeger, Fritz	64	
Seeländer Zithergruppe Lyss	125	
Sekundzither	30	
Simon, Ignaz	21	
Smetak, Anton	50, 57, 140	
Späni, Niklaus	61	
Standardbesaitung	31	
Stocker, Konrad	67	
Stössel, Georg	72	
Stössellaute	72	
Streich-Guitar-Duett-Zither	121	
Streichmelodion	42	
Streichmelodion-Sextett Zürich	54	
Streichzither	41	
Suitner, Peter	129	
Suter, Alois	23	
Swuitzer Harp	119	
Tanzzither	84	
Temerson, Tony	129	
Thauer, Hans	35	
Thierfeld's Imperial-Accordzither	70	
Toggenburger Halszither	29	
Transponiertabelle	103	
Tremoloazither	84	
Triolazither	88	
Trümpy, Salomon	22	
Umlauf, Carl Joseph Franz	34	
United States Guitar Zither Co. Friedrich Menzenhauer	77	
Universal-Streich-Schlag-Guitar-Duett-Zither	122	
Universal-Tisch-Harfen-Zither	70	
Unser Verband, Zeitschrift	55	
Verband der Schweizerischen und Oberrheinischen Zithervereine	50	
Verband Schweizerischer Zithervereine	50, 55, 57	
Viola-Streichzither	42	
Violin-Gitarre-Duett-Zither	84	
Violinharfen AG Hostettler-Binggeli	117	
Violinzither	83, 114	
Violon-Zither	83	
Volkmann, Ernst	40	
Volkszither	75	
Waldburg, Klaus	64, 129	
Wallimann, Rösli	18	
Weber, Emil	125	
Weigel, Nicolaus	30	
Wenger, Musikhaus	117	
Wieland, Thomas	61	
Wiener Stimmung	31	
Wilhelm, Fritz	129	
Willemin, Eric	127	
Windt, Alfred	57	
Wolf, Heinrich	57, 63	
Wolf, Mizzi	63	
Wüthrich, Elisabeth	126	
Zaugg, Peter	28	
Zeitschrift für Instrumentenbau	83	
Zeppelin-Guitarr-Zither	81	
Zimmermann, Charles F.	78	
Zitherapparat	86	
Zither mit Mechanik	84	
Zitherclub Biglen	107	
Zitherduo Mühlemann/Imola	125	
Zitherensemble «Secession»	58	
Zitherfusion, Zitherduo	68	
Zithergruppe Glarner Unterland	27	
Zithergruppe Illgau	18	
Zithergruppe Schwyzerholz	18	
Zitherklub Biel	53	
Zitherklub Edelweiss Zürich	55	
Zitherklub Glarus	53	
Zitherklub Interlaken und Umgebung	55	
Zitherklub Solothurn	55	
Zitherkranz Altstetten	55	
Zitherkranz Basel	53	
Zitherkranz Zürich	53	
Zitherorchester Wollishofen	53	
Zitherquartett Basel	64	
Zitherquartett Zürich	55	
Zitherring (Akkordzither)	91	
Zitherring (Konzertzither)	33, 68	
Zithertrio Basel	55	
Zithertrio Popp/Lägel	64, 129	
Zitherverband Japan	59	
Zitherverein Aarau	49	
Zitherverein Altstetten	54	
Zitherverein Baden	53	
Zitherverein Bern	49, 63	
Zitherverein Brugg	54	
Zitherverein Genf	49	
Zitherverein Horgen	54	
Zitherverein Konstanz	52	
Zitherverein La Chaux-de-Fonds	48	
Zitherverein Luzern	59	
Zitherverein Mülhausen	52	
Zitherverein Romanshorn	54	
Zitherverein Sankt Gallen	53	
Zitherverein Schaffhausen	57	
Zitherverein Scuol	65	
Zitherverein Strassburg	52	
Zitherverein Vevey	49	
Zitherverein Winterthur	53	
Zitherverein Zürich	58	
Zithervioline	114	
Züricher Zither-Trio	48	
Zweifel-Weber, Musik-Verlag, St. Gallen	27	